Kontaktadresse nach EU-Produktsicherheitsverordnung:
produktsicherheit@droemer-knaur.de

*Von Tommy Krappweis sind bereits
folgende Titel erschienen:*
Das Vorzelt zur Hölle.
   Wie ich die Familienurlaube meiner Kindheit überlebte.
Vier Fäuste für ein blaues Auge.
   Wie der Wilde Westen nach Deutschland kam.

Über den Autor:
Tommy Krappweis, geboren 1972 in München, ist Musiker, Comedian, Autor, Regisseur und Produzent. Nach Stationen in der Westernstadt »No Name City« und bei »RTL Samstag Nacht« erfand er die Kultfigur Bernd das Brot, für die er mit dem Grimme-Preis ausgezeichnet wurde. Tommy Krappweis lebt und arbeitet als Produzent, Autor und Multitalent in München.

Tommy Krappweis
und Werner Krappweis

SPORTLERKIND

Meine Jugend mit Seitenstechen

Besuchen Sie uns im Internet:
www.knaur.de

Originalausgabe April 2016
Knaur Taschenbuch
© 2016 Knaur Verlag
Ein Imprint der Verlagsgruppe
Droemer Knaur GmbH & Co. KG, München
Alle Rechte vorbehalten. Das Werk darf – auch teilweise – nur mit
Genehmigung des Verlags wiedergegeben werden.
Die Nutzung unserer Werke für Text- und Data-Mining im
Sinne von § 44b UrhG behalten wir uns explizit vor.
Redaktion: Roman Schmid
Covergestaltung: ZERO Werbeagentur, München
Coverabbildung: privat
Abbildungen im Bildteil: © Tommy und Werner Krappweis Satz:
Adobe InDesign im Verlag
Printed in Germany
ISBN 978-3-426-78793-9

4 5 3

Inhalt

Vorwort von Tommy Krappweis 7
Vorwort von Tommys Vater Werner Krappweis 9

Kurz überschlagen 11
Der Anfang 16
Die Erkenntnis 25
Bonanza 33
Wenn, dann richtig 40
Wenn Pokale flüstern 44
Ein Königreich für einen Reifen 52
»Die hatten kein Ypsilon« 57
Diverse Defekte 67
Der Ballspieltyp 73
Blinddarmblind 83
Mein Vater geht bis elf 89
Der blutige Radfahrer 96
Die Kinderkarawane 102
Der Berg ruft: »Hau ab!« 112
Völlig überstürzt 123
Zwischenruf 128
Technik, die entgeistert 132
Der Großvenediger 143
… sonst bring i di um 158

Erst mal die Fallschule	168
Pittoreskes Neuperlach	182
Der Fahrradgott	186
Ein Fahrrad für die Band	201
Ist Sport Mord?	215
Fitnessversuche	220
Heute	225
Meine Söhne	227

Vorwort von Tommy Krappweis

Am Anfang eines Buches mit SO einem Titel muss natürlich erst einmal die übliche Zurückruderei plaziert werden. Man will ja nicht als jemand dastehen, der »gegen Sport« ist oder »für ungesunden Lebenswandel«. Da aber sowieso jedem klar sein dürfte, dass Bewegung grundsätzlich etwas Gutes und Sport nichts Schlechtes ist, spare ich mir hier wortreiche Erklärungen. In diesem Buch geht es um etwas anderes. Ich möchte Ihnen gerne erzählen, wie ich es trotz meines Vaters schaffte, kein Leistungssportler zu werden. Und glauben Sie mir, das war nicht einfach. Oft genug aber das genaue Gegenteil …

Vorwort von Tommys Vater Werner Krappweis

Es ist so schade, dass mein Sohn nie die Freuden des Leistungssports für sich entdeckt hat. Ich bin nach wie vor fest davon überzeugt, dass er ein ganz großer Sportler geworden wäre. Und dann hätte er sicher auch den gleichen Spaß daran entwickelt wie sein Vater. Ich möchte Ihnen, liebe Leser, in meinen Kapiteln ein bisschen was von der Begeisterung vermitteln, die ich seit meiner frühesten Jugend insbesondere für den Radsport empfinde. Und natürlich will ich all denen einen gesunden Gegenpol zu dem Genörgel meines Sohnes Tommy bieten, die über seine Verweigerungshaltung nur den Kopf schütteln können – genau wie ich. Und zwar bis heute …

Kurz überschlagen

Von Tommy Krappweis

Meine früheste Erinnerung an etwas, das mit dem Sportwahn meines Vaters Werner Krappweis zusammenhängt, könnte man durchaus als eine Art Initialtrauma deuten.

Laut übereinstimmenden Berichten meiner Eltern trug es sich direkt nach einem Radrennen zu, das mein Vater natürlich wieder einmal gewonnen hatte. Etwas anderes ließ er zu dieser Zeit einfach nicht zu.

Werner Krappweis war damals bereits über ein Dutzend Mal Bayerischer Meister in allen möglichen Rennraddisziplinen gewesen. Er hatte die Deutsche Meisterschaft zwei Mal gewonnen und war nur deswegen kein Berufsrennfahrer geworden, weil ihm dazu schlicht das Geld gefehlt hatte. In der Anfangszeit von Werners Radsportkarriere Mitte der fünfziger Jahre lockten selten Preisgelder, sondern eher pragmatisch gewählte Sachpreise wie Kleidung in unverkäuflichen Größen oder die Reste einer Überproduktion Plockwurst. Wollte man also nicht in Klamotten herumlaufen, die wirkten, als hätte sie der Blindenhund per Klopfzeichen ausgewählt, und fühlte man sich nicht in der Lage, wochenlang von Salami und einem Sack Bucheckern zu leben, musste man einer geregelten Arbeit nachgehen. Also hatte sich mein Vater dazu entschlossen, eine Lehre als Mechaniker anzutreten und stattdessen alles zu gewinnen, was man als sogenannter Amateur gewinnen konnte. Exakt das tat er dann auch, und zwar jahrzehntelang.

So auch an diesem Tag Anfang der siebziger Jahre, inzwischen bereits mit Ehefrau Karin und dem etwa zweijährigen Sohn Tommy. Den Namen habe ich dem Spitznamen meines Onkels Bernd Krappweis zu verdanken. Der wurde seit seiner Jugend nämlich immer »Tommy« gerufen. Da zur Zeit meiner Geburt aber kein Standesamt bereit gewesen wäre, ein Kind mit dieser unchristlichen, amerikanisierten Kurzform zu taufen, blieb meinen Eltern nichts anderes übrig, als mich nach dem ungläubigen Thomas zu benennen und diesen Namen dann konsequent mit »Tommy« abzukürzen.

Und dieser Tommy lag nun also im Zielbereich irgendeines Radrennens im bayerischen Voralpenraum friedlich in seinem damals schon zwanzig Jahre alten Kinderwagen mit den großen Speichenrädern und einer Federung aus verstellbaren Lederriemen, in dem schon seine Mutter gelegen hatte.

Der kleine Bub wurde jäh geweckt vom Jubel der Umstehenden, als sein Vater Werner Krappweis mit einem Vorsprung von mehr als einer Runde als unangefochtener Sieger durchs Ziel raste und triumphierend beide Arme in die Luft reckte. Auch seine junge Frau Karin klatschte begeistert, bis der Sieger direkt vor ihr haltmachte, sie filmreif umarmte und dann zum Jubel der Anwesenden seinen kleinen Sohn hochhob, als wäre er der König der Löwen. Was wohl in dem Moment auch irgendwie zutraf.

Nun wäre mein Vater nicht mein Vater, wenn er da nicht noch eins draufsetzen würde – und zwar mich kurzerhand vor sich auf den Lenker. Bevor meine Mutter völlig zu Recht protestieren konnte, war er schon losgespurtet – sein zweijähriges Kind mit einer Hand sicher stabilisierend. Seiner Ehefrau war klar: Werner würde seinen kleinen Tommy mitnehmen aufs Siegertreppchen und niemand würde ihn aufhalten. Wer weiß, vielleicht wollte er mir möglichst früh ein Gefühl für die Hochstimmung dort oben vermitteln. Und warum auf dem Rennrad? Nun, vielleicht hatte er einfach keine Lust, mit mir auf dem Arm in diesen typischen Rennradschuhen bis zur Siegerehrung zu staksen, und der Zeitverlust durch Wechsel in sicheres Schuhwerk war in dem Moment wohl nicht tolerierbar. Außerdem: Warum zu Fuß gehen, wenn man auch fahren kann? Auf einem Rennrad. Mit einem zweijährigen Kind auf dem Lenker. So weit, so typisch.

Ich weiß nicht, ob ich mich wirklich an damals erinnere oder ob diese Geschichte in meiner Familie schon so oft erzählt wurde, dass ich nun glaube, alles vor mir zu sehen. Aber dieser Schmerz im Fuß, der Ruck … dann dieses seltsame Gefühl der plötzlichen Schwerelosigkeit, das Verschwimmen von allem, was mich umgab, und der seltsam spät verspürte Schreck … irgendwie fühlt es sich auch jetzt, wo ich es niederschreibe, sehr unmittelbar und real an.

Wenige Meter vor dem Siegertreppchen war ich wohl mit einem meiner Beinchen zu tief geraten und mein Fuß geriet in die Speichen des Vorderrads. Dieses blockierte augenblicklich, und so überschlug ich mich gemeinsam mit meinem Vater und dem Rennrad vornüber. Mein Fuß flog Gott sei Dank mit mir, nur der Schuh verblieb zwischen Reifen und Gabel.

Ob mein Vater nun dem Gesetz der Physik oder einem heroischen wie unterbewussten Reflex folgte, weiß ich nicht. Auf jeden Fall krümmte sich mein Vater im Flug um mich wie ein schützender Kokon. Darum landete er auch ultrahart auf dem Rücken, während ich ganz weich und wohlbehalten auf seinem Bauch zu liegen kam. Geistesgegenwärtig trat mein Vater augenblicklich das Rennrad heftig aus dem Weg, bevor es auf mich fallen und schwer verletzen konnte. Bis heute bin ich ihm dankbar, dass er sich in diesem Moment für mich und gegen die Unversehrtheit seines Rennrads entschied.

Der Aufprall nahm meinem Vater die Luft zum Atmen, und die Schmerzen waren laut eigener Aussage »bru-tal«. Aber nachdem ihn inzwischen eine große Menge Menschen aus unzähligen Augenpaaren anstarrte wie ein einziger Organismus, blieb ihm nichts anderes übrig, als möglichst sportlich federnd aufzustehen. Zum Zeichen, dass alles völlig okay war, warf Werner Krappweis seinen immer noch schockgefrorenen Sohn locker-flockig in die Luft, fing ihn galant auf und überspielte den stechenden Schmerz mit einem leicht hustend klingenden Auflachen. Dann schlenderte er so entspannt durch die sich bildende Gasse hindurch, wie das durch die steifen Rennradschuhe und die irrwitzige Pein bei jedem Atemzug irgend möglich war, und erklomm betont leichtfüßig das Siegertreppchen bis ganz nach oben auf die Nummer eins.

Als einer der Schiedsrichter ihm die Medaille umhängen wollte, streckte er diese stattdessen dem kleinen Tommy zu, der somit seine erste von drei völlig unverdienten Sportauszeichnungen erhielt und begreiflicherweise überhaupt nicht wusste, was er von alldem zu halten hatte.

Wenn ich ehrlich bin, weiß ich es eigentlich bis heute nicht. Und es herauszufinden war einer der Beweggründe, dieses Buch zu schreiben. Ich bin selbst schon ganz gespannt…

Der Anfang

Von Werner Krappweis

Als ich im Kriegsjahr 1941 in München zur Welt kam, wurden mir die Radsportgene sicherlich bereits in die Wiege gelegt. Mein Großvater, der Vater meiner Mutter, war begeisterter Radrennfahrer gewesen, und ich bewunderte schon als kleines Kind seine schönen Siegerpokale aus Zinn und Glas, die auf einem umlaufenden Sims im Wohnzimmer standen. Schon damals dachte ich mir: »So soll es bei mir zu Hause auch einmal aussehen.«

Rückblickend kann ich sagen, ich habe mir diesen Wunsch übererfüllt: Als ich meiner heutigen Ehefrau Renate vorschlug, bei mir einzuziehen, war eine ihrer Bedingungen, dass ich mich von mindestens fünfzig der unansehnlichsten Pokalen trennen müsse. Damals war ich zunächst schockiert, denn ich konnte mir ein Leben ohne diese Trophäen kaum vorstellen. Heute muss ich zugeben, dass es mit den verbleibenden etwa hundertfünfzig Siegerpötten nahezu identisch lebt.

Dass meine liebe Renate eines frühen Morgens die Pokale mitsamt der marmornen Sockel ausgerechnet in Müllsäcke packte und diese der Belastung ausgerechnet im Treppenhaus nachgaben, sorgte für eine recht einzigartige, gold- und silberglänzende sowie ohrenbetäubend lärmende Kaskade vom achten Stock bis hinunter ins Erdgeschoss. Der Hausmeister schwört, er hätte heute noch ein Klingeln im Ohr, aber hier dürfte es sich um den berufstypischen Hang zur Übertreibung bei Lärmbelästigung handeln.

Zurück zu meinem Großvater: Der hatte früher in der Westendstraße in München das größte Fahrradgeschäft der Stadt. Außerdem war er einer der ersten Münchner, der ein Auto besaß, mit dem er auch oft Radrennen begleitete. Dazu war er Gründungsmitglied des hiesigen Radrennclubs *RRC 02*, der heute noch existiert.

Ich selber kannte meinen Großvater allerdings eher als einen liebevollen alten Herrn, der in einem kleinen, ebenerdigen Zimmerchen in der Bergmannstraße Nähmaschinen reparierte.

Erst viel später erfuhr ich von meiner Mutter, dass er schon mit achtundvierzig Jahren sein Geschäft für eine ansehnliche Summe Goldmark verkauft hatte. Seine beiden Töchter hatten weder Interesse gehabt, in dem Fahrradgeschäft zu arbeiten, noch es zu übernehmen.

Mit dem Geld wäre er bestimmt bis an sein Lebensende gut ausgekommen, hätte er nicht einen großen Teil seinem besten Freund für eine Geschäftsgründung geliehen. Das Unternehmen des Freunds aber ging vor die Hunde, und mein Großvater bekam sein Geld nie mehr zurück. Somit verdiente er sich seinen Lebensabend sehr kläglich in dem erwähnten Kämmerchen durch Reparaturen von Nähmaschinen, bis an sein Lebensende.

Da meine Eltern kein Auto besaßen, wurden in unserer Familie schon immer alle Fahrten notgedrungen mit dem Rad erledigt.

Ich erinnere mich noch gut an einen Urlaub, den wir in einer kleinen Pension am Fuß des Wendelsteins verbrachten. Auch dort waren wir natürlich mit dem Fahrrad angereist. Ich hatte ein Damenfahrrad, bei dem der Sattel mittels einer Rohrschelle am Sattelrohr befestigt werden musste, da mir der Rahmen viel zu hoch war. Mein zweieinhalb Jahre älterer Bruder besaß jedoch ein sehr schönes Rad der Marke *Adler*, das er von unserem Opa geerbt hatte. Dieses Prunkstück hatte im Tretlager bereits eine Dreigangschaltung! Meine Mutter hatte ebenfalls ein hochwertiges Damenrad, das auch aus dem Geschäft ihres Vaters stammte.

Mein Vater dagegen fuhr mit einem alten, klapprigen Herrenrad und wollte auch gar kein anderes. Er war seit jeher der Meinung, dass ein Fahrrad nur dazu da war, um von A nach B zu kommen und von dort möglichst auch wieder zurück nach A. Wenn ich meinen Sohn Tommy heute reden höre, kommt mir vieles recht bekannt vor. Auch er kann sich bis heute nicht an der Schönheit eines perfekten, technisch einwandfreien Fahrrads erfreuen. Im Gegenteil, je klappriger und unpraktischer, desto besser. Dass nur ja keiner auf die Idee käme, er würde das Radfahren aus Freude betreiben. Ganz genau wie mein Vater Hans Krappweis …

Auf vier Fahrrädern und mit dem Gepäck auf den Gepäckträgern verzurrt fuhren wir also in den Urlaub ins Gebirge. Als Fotoapparat hatten wir eine sogenannte *Agfa-Box* dabei, einen ziemlich großen, braunen, eckigen Blechkasten mit nichts drin.

Das Ding erwies sich auch als nahezu unzerstörbar. Mehrfach fiel es uns herunter, schlug auf der Straße, auf felsigen Gebirgswegen oder auf dem Kopfsteinpflaster auf, aber nichts davon beeinträchtigte die zugegeben recht rudimentäre Funktion des Kästchens. Einmal kugelte mir die »Kamera« bestimmt hundert Meter den Berg hinunter. Als sie mein Vater mit viel Mühe wieder geborgen hatte, war sie zwar etwas verbeult, aber nach wie vor absolut funktionsfähig. Somit entsprach sie in ihrer Unverwüstlichkeit auch der damaligen Generation. Wir alle waren Schlimmeres gewohnt und mussten auch unter den härtesten Bedingungen noch »funktionieren«.

Auf dem Rückweg nach Hause ereignete sich allerdings ein folgenschweres Unglück, an das ich mich noch sehr gut erinnern kann: Mein Bruder Bernd fuhr mit seinem tollen *Adler*-Rad voraus den Berg hinunter über eine steile Schotterstraße. Wahrscheinlich hatte er vor einer Kurve zu stark die vordere Bremse gezogen, das Vorderrad blockierte, er überschlug sich, und als wir an der Stelle ankamen, lag er bewusstlos vor uns mitten auf der Straße.

Ein Krankenwagen brachte meinen Bruder nach Fischbachau ins Krankenhaus. Noch während des Transports kam Bernd wieder zu sich, bevor man ihm im Hospital dann die klaffende Wunde am Kinn zunähte. Kaum war der Faden an den beiden Enden gekappt, saßen wir auch schon wieder auf unseren vier Rädern und fuhren nach Hause. Ganz spurlos ging das Erlebnis aber nicht an meinem Bruder vorbei: Ziemlich sicher rührt von diesem Unfall seine lebenslange Hemmung, bei Radrennen bergab die Bremsen loszulassen, was ihn immer wieder kostbare Sekunden und Punkte und somit die Chance auf einen Sieg kostete. Wer könnte ihm das verdenken …

Vor jedem Ausflug zur Verwandtschaft wurden die Räder sauber geputzt und geölt und von meinem Vater soweit notwendig repariert. Sein ganzes Werkzeug bestand jedoch nur aus einer alten Kombizange, mit der er alle Reparaturen durchführte. Sogar die Laufräder versuchte er mit der Zange zu zentrieren. Das führte aber leider nur dazu, dass der Seitenschlag noch schlimmer wurde, aber dafür die Speichennippel bald so abgenudelt waren, dass das Rad nie wieder zentriert werden konnte.

So kam es also, dass ich im Alter von neun Jahren mit dem erwähnten Fahrrad in drei Tagen die zweihundert Kilometer von München nach Höchstadt a.d. Aisch in Urlaub fuhr.

Am Eichstätter Berg mussten wir unsere schwer bepackten Räder schieben, weil mein Vater befürchtete, wir würden sonst »die Kette zu sehr ausdehnen«. Er duldete hierbei keine Diskussion, vielleicht weil er insgeheim wusste, dass er diese von der puren Faktenlage her kaum für sich entscheiden könnte.

Ich vermutete schon damals, dass er sich am Berg nicht von seinen zwei kleinen Söhnen abhängen lassen wollte, aber beweisen kann ich es natürlich nicht. Vielleicht hatte er auch nur Angst, dass ihm im Falle einer Kettendehnung seine mitgebrachte Kombizange kaum nützen würde.

In den zwei Wochen, die wir im Urlaub bei den Großeltern waren, fuhren wir, sehr zum Leidwesen unserer Oma, den ganzen Tag mit unsern Rädern durch die Gegend. Zum Leidwesen deshalb, weil uns die Oma bei der Ankunft immer auf die Waage stellte und dann alles daransetzte, uns während des Aufenthalts ein paar Kilo auf die Rippen zu bringen. Obwohl sie jeden Tag für ein ganzes Regiment kochte und wir aßen wie die tollwütigen Scheunendrescher, schaffte sie es kein einziges Mal.

Bei dem Training, das ich als Kind schon hatte, war es kaum verwunderlich, dass ich mit dem Fahrrad auch unter meinen Freunden immer der Schnellste und vor allem der mit der größten Ausdauer war.

Nun hatte mein älterer Bruder Bernd einen Schulfreund, den Sachsberger Hugo, der Mitglied beim Radsportverein *RV Sturmvogel* war. Er fuhr sogar schon bei Radrennen mit und versuchte meinen Bruder ständig zu überreden, ebenfalls dem Verein beizutreten.

Das war aber gar nicht so einfach, da es unser Vater streng verboten hatte! Er war der festen Meinung, Leistungssport sei ungesund, man ruiniere sich damit die Gesundheit und das Herz würde ob der unmenschlichen Anstrengung im Leib explodieren. Auch hier argwöhnten wir natürlich, dass es wohl eher daran läge, dass er selbst nicht zu den sportlichsten Menschen gehörte. Vieles deutete darauf hin, dass er früher durchaus darunter gelitten hatte, bis er wohl irgendwann beschloss, dass Sport nicht nur überbewertet, sondern eben auch gefährlich sei, und ein Leben ohne Leibesertüchtigung selbiges entschieden verlängerte. Somit war er nur um unser Wohl bemüht, wenn er jegliche Tendenzen seiner Söhne in Richtung Leistungssport energisch unterband.

Mit siebzehn Jahren wurde mein Bruder ohne Erlaubnis seines Vaters dann doch Mitglied beim *RV Sturmvogel* und fuhr heimlich die Vereinsrennen mit. Unsere Mutter Maria Krappweis wusste allerdings Bescheid und unterstützte uns, wo es nur ging. Sie selbst war zwar nie Leistungssportlerin gewesen, aber trotz allem eine Art »Bewegungsfanatikerin«. Bewegung an der *frrrischen* Luft – das »r« dabei saftig in der Kehle gerollt – war für unsere »Mu« ein Quell der unerschöpflichen Energie. So konnte nichts und niemand diese durch zwei Weltkriege gestählte Dame aufhalten, wenn sie sich in den Kopf gesetzt hatte, spazieren zu gehen. Mein Sohn Tommy erinnert sich noch heute an einen winterlichen Spaziergang mit seiner Mu-Oma, bei dem der Wind ihnen den Schnee wie Reißzwecken ins Gesicht schmetterte. Dabei mussten sie sich mehr als einmal an Bäumen und Laternenpfählen festhalten und orientieren, um sich nicht zu verlaufen oder plötzlich direkt auf die Straße zwischen die sich langsam auf der glatten Fahrbahn drehenden Autos zu geraten. Trotzdem setzte meine Mutter den Spaziergang fort und brachte unseren kleinen Sohn zwei Stunden später rotgesichtig und verängstigt, aber dennoch relativ wohlbehalten zu uns nach Hause zurück.

Bestimmt wird mein Sohn Tommy noch auf die Mu-Oma zu sprechen kommen, denn er hat da noch das eine oder andere Abhärtungstrauma zu bewältigen.

Da Radfahren zu 99 Prozent an der frischen Luft stattfindet und wir dadurch außerdem eine Beschäftigung hatten, die uns davon abhielt, Blindgänger zu sammeln und diese in einem der vielen Bombenkrater zum Pläsier unserer Freunde in die Luft zu jagen, war unsere Mutter uneingeschränkt für eine Mitgliedschaft beim *RV Sturmvogel*.

Als mein Bruder noch in der Schule war, konnte er unbemerkt am Nachmittag trainieren, wenn unser Vater noch in der Arbeit war. Und als ich mit vierzehn Jahren als Automechaniker bei Mercedes in die Lehre kam und in der Woche

7 DM verdiente, war für mich ganz klar: Jetzt kaufe ich mir auch so schnell wie möglich ein Rennrad!

Da sich der ehemalige Mechaniker meines Großvaters nach dem Verkauf des Geschäfts mit einem kleinen Fahrradladen in der Münchner Hackenstraße selbständig gemacht hatte, ging ich natürlich gleich zu ihm.
Und dieser Herr Merkel besorgte mir für 125 DM tatsächlich in kürzester Zeit ein rotes Rennrad der Marke *Girardengo*. Ab sofort zahlte ich dieses pünktlich jeden Monat mit 25 DM ab.
Natürlich trat ich sofort ebenfalls dem *RV Sturmvogel* bei und konnte es kaum erwarten, mit fünfzehn Jahren endlich die Lizenz zu lösen, um so auch an Radrennen teilnehmen zu dürfen.

Mein Vater ahnte von alldem nichts ...

... bis zu dem Tag, an dem ich die Oberbayerische Jugendmeisterschaft gewann – nur ein Jahr nach meiner Anmeldung. Ein Arbeitskollege meines Vaters hatte von meinem Sieg in der Zeitung gelesen und gratulierte nun dem Hans Krappweis ganz herzlich zu seinem erfolgreichen Jugendsportler!

Als er am Abend von der Arbeit nach Hause kam, stellte er uns beide sofort zur Rede. Er war wütend, und es war klar, dass wir nun auch keine Ausflüchte mehr erfinden konnten. Schließlich gab es im weiten Umkreis sonst niemanden mit dem seltenen Nachnamen Krappweis, und der stand nun mal schwarz auf weiß in der Zeitung. Unser Vater war leider ein recht strenger und nicht sonderlich zimperlicher Mann, zwar meistens eher still und das völlige Gegenteil unserer aktiven und umtriebigen Mutter. Aber wenn ihn der Furor packte, war es ratsam, sofort das Weite zu suchen. Dazu war es jetzt aber zu spät. Also schluckte ich, trat vor ihn hin und sagte ganz beherzt: »Papi, das war ich.«

Es dauerte einige Sekunden, die sich endlos zu strecken schienen, und schon duckte ich mich unwillkürlich vor dem zu erwartenden Donnerwetter oder einer saftigen Ohrfeige ...

Doch dann nickte mein Vater nur leicht, sagte: »Gratuliere«, wendete sich ab und setzte sich in seinen Ohrensessel, wo er hinter der Zeitung verschwand.

Wir standen einen Moment lang da, fassungslos und erleichtert zugleich. Aber wir hatten beide sehr deutlich bemerkt, dass er tatsächlich stolz war auf seinen erfolgreichen jüngeren Sohn!

Von diesem Moment an konnten wir ganz ohne Heimlichtuerei jedes Wochenende an den öffentlichen Rennen teilnehmen. Und obwohl wir wussten, dass unser Vater das alles nicht ausdrücklich gutheißen konnte, war es doch jedes Mal schön, diese minimale Gefühlsregung in seinem Gesicht zu erkennen, wenn wir wieder mit einer Siegesmeldung nach Hause kamen.

Die Erkenntnis

Von Tommy Krappweis

Es war wieder einmal so weit: In der Schule standen die Bundesjugendspiele an. Einmal pro Jahr schickte man uns entweder in den Regen oder in die sengende Sonne, um dort unter Aufsicht zu beweisen, was wir doch alle für Sportskanonen waren.

Als mein Vater Werner Krappweis Wind davon bekam, sah ich kurz ein hoffnungsvolles Glimmen in seinen Augen ..., das in der Sekunde erstarb, als er an meiner betont unmotivierten Gesamterscheinung hinauf- und hinunterblickte. Mit einem leisen Seufzen drehte er sich weg, nahm eine Gabel zur Hand und drückte damit die bampfigen Reste einer bräunlichen Banane in sein Hochleistungsmüsli.

Ein paar Worte zu dieser ganz besonderen Frucht: Laut Werner Krappweis war die Banane extra dazu geschaffen, um als Trainingsnahrung für Radfahrer zu dienen: Sie brachte ihre eigene Verpackung mit, passte perfekt in die Gesäßtaschen eines Renntrikots und lieferte alle Nährstoffe, die man als Leistungssportler brauchte.

Für mich war die Banane vorrangig dazu geschaffen, mich zum Hochwürgen dessen zu animieren, was ich zuletzt zu mir genommen hatte. Der Geruch, die bräunlichen Stellen, die seltsamen Fäden entlang der Frucht, die sämige Konsistenz – es gibt nichts an Bananen, was ich nicht aus tiefstem Herzen verabscheue. Ich erinnere mich bis heute an den Schreckensmoment, als ich zum Abschluss der Fachoberschule für Gestaltung eine Bleistiftzeichnung anfertigen sollte. Die Aufgabe lautete: »Zeichnen Sie eine Banane in den verschiedenen Stadien des Gegessenwerdens«. Nachdem ich aus meiner Ohnmacht erwacht war, quetschte ich meine gesammelte Verachtung für die gelbbraune Höllenfrucht und all die dadurch entstandene Übelkeit durch den Bleistift und verteilte alles in wütend-verzweifelten Strichen auf dem Papier. Dies wurde benotet mit einer 1+ und dem Vermerk des Lehrers Heininger, man würde sehr deutlich spüren, dass ich kein Bananenfreund sei. Welch Untertreibung.

Da mich der Gedanke an Bananen unweigerlich zu diesen Momenten trägt, in denen mein Vater seine ach so tolle Sportlernahrung aus dem Trikot fischte, um sie dann mit einer Gabel in seinem Müsli zu zerquetschen, argwöhne ich, dass er somit auch an diesem Trauma entscheidend mitschuldig ist ... gottismirschlecht ...

Nun denn, schon damals war uns allen klar, dass die sogenannte »Siegerurkunde« jedem winkte, der es schaffte, bei allen Disziplinen körperlich anwesend zu sein. Die Ehrenurkunde bekam nur, wer tatsächlich so etwas wie eine Leistung zeigte.

Doch es gab da noch jemanden, dessen ungebremste Sportbegeisterung es fast mit der meines Vaters aufnehmen konnte. Unser immer hoffnungsfroher und ungebrochen motivierter Sportlehrer Herr Haffke hatte schon frühzeitig sein Bestes gegeben, um uns für das Großereignis zu trainieren. Wir waren also ein paarmal ungelenk in den Sand gehopst oder in eine Weichbodenmatte geplumpst, wuchteten einmal Eisenkugeln in alle Himmelrichtungen und rannten danach auf der Aschenbahn gegeneinander um das beste Seitenstechen.

Ich hasste jede Sekunde davon, denn ich hatte überhaupt kein Interesse, mich mit irgendwem in diesen Disziplinen zu messen und erst recht keins an diesen windigen Zetteln, die man uns als sogenannte Urkunden anpries. Ich wusste, dass ich ein schlechter Läufer war, konnte zwar gut springen – aber eben nicht, wenn ich sollte –, und beim Kugelstoßen schaute ich mir via Gehirn-TV immer selbst dabei zu, wie doof ich währenddessen aussah. Kurzum: Ich hasste es.

Trotzdem bin ich dem Initiator der Bundesjugendspiele zu Dank verpflichtet, denn ich verdanke ihm mein erstes nennenswertes Freiheitsgefühl, und das kam so:

Es war also während meiner siebten Klasse Realschule, als es mal wieder Zeit war für die Bundesjugendspiele, und zwar mal wieder für die heiße, prall-sonnige Version davon. Einen Tag lang würden wir uns also schatten- und wasserlos über den aufgeheizten Sportplatz quälen, um denen, die immer bei allem gewannen, zuzusehen, wie sie immer bei allem gewannen. Hurra.

Beim Weitsprung sprang ich sauweit, hatte aber die Markierung übertreten. Beim Hochsprung wollte mir der elende Fosbury-Flop nicht gelingen, und ich sprang vermittels des Scherensprungs über die ersten vier Höhen, bevor ich bei der fünften dann zusammen mit der Stange in der Weichbodenmatte landete. Das Kugelstoßen konnte ich nur halbwegs überstehen, indem ich mein Versagen komödiantisch überhöhte, was zu großem Gelächter meiner Mitschüler und gestrengen Blicken des Prüfers führte. Und dann war es Zeit für den 400-Meter-Lauf ...

Heute erzählt mir Google, dass dieser stattdessen »Ausdauerlauf« genannt und dass bei »individuellem Tempo« gelaufen wird. Das hätte ich mir ja noch halbwegs eingehen lassen, allerdings hätte mein »individuelles Tempo« in etwa dem eines Schaufensterbummels entsprochen. Inklusive Stopp an der Eistheke. Stattdessen rannten wir damals gegeneinander um unser Leben, und ich brauchte diesmal nur wenige Meter, um erfolgreich weit zurückzuliegen. Doch kaum machte ich irgendwelche Anstalten, nicht um jeden Preis trotzdem gewinnen zu wollen, schmetterte Sportlehrer Haffke den Inhalt seiner Pferdelunge durch die kleine silberne Trillerpfeife, betitelte mich als eine solche – allerdings ohne »Triller« – und nötigte mich wortreich, auf keinen Fall aufzugeben! Erstes Gekicher seitens der umstehenden Mitschüler drang an mein schweißnasses Ohr, und so versuchte ich noch einmal, den Anschluss an die Gruppe wieder zu erlangen, die inzwischen auf der anderen Seite des Runds angelangt war. Als Herr Haffke aber meine subtile Beschleunigung erkannte, brach sich seiner Kehle ein kieksender Jubelschrei Bahn! Den empfand er offensichtlich als höchst motivierend, ich aber nur als fürchterlich peinlich. Wie konnte er nur dem blondgelockten Jungen, der jeden Moment von den anderen Contestanten umrundet werden würde, so ein dämliches Geräusch entgegenhusten und davon ausgehen, dass jener das zum Anlass nehmen würde, sich jetzt mal so richtig reinzuhängen?

Nun gut, mir war diese große Aufmerksamkeit des Lehrers und natürlich auch der umstehenden Schüler auf jeden Fall extrem unangenehm, und so warf ich mich einfach nach vorne, was meine Beine dazu animierte, einen drohenden Sturz aufzufangen und wieder in so etwas wie eine Laufbewegung zu kommen, in der ich aber mehr stolperte, als dass ich rannte. Immerhin in die richtige Richtung, hinter den anderen her.

Irgendwie überstand ich so eine weitere Runde um den Platz, ohne auch nur einen Meter aufzuholen. Ich hatte aber so einen Bammel davor, stehen bleiben zu müssen und mich so dem Getriller, Gestarre und Gewitzle auszusetzen, dass ich immer weiterrannte. Da feierte das Seitenstechen urplötzlich fröhliche Urständ, und ich hatte schließlich das Gefühl, einfach nicht mehr genug Luft zu bekommen. Gleichzeitig wusste ich, dass Herr Haffke mich sofort wieder betrillern würde, und natürlich würden abermals alle anderen Schüler auf mich starren und bestimmt würden auch ein paar kichern, auf mich zeigen und irgendwelche halbwitzigen Sprüche absondern, die nicht durch ihren pointierten Vortrag oder die geniale Gag-Idee glänzten, sondern eher durch Abwesenheit von alldem.

Doch dann war es einfach nur noch vorbei. Meine Beine hörten abrupt auf, mich zu tragen, ich knickte in den Knien ein, sank zu Boden und blickte einfach nur nach unten auf das zunehmend vor mir verschwimmende Rot der Bahn. Schwer atmend und hustend hockte ich für ein paar erholsame Sekunden einfach nur da und fühlte mich fürchterlich. Zum einen natürlich aufgrund der Schmerzen und der Atemnot, zum anderen aber auch, weil ich ja nun wirklich mehr als deutlich völlig versagt hatte. Und wenn es eines gibt, was ich nie wirklich ertragen konnte und auch heute noch nicht kann, dann ist es Versagen. Dass das aber gerade eindeutig geschehen war, konnte ich auch an dem lauter werdenden Hohnlachen der anderen hören. Dies tat mir fast noch mehr weh als das Seitenstechen oder meine Lungenflügel. Allerdings eben nur fast, denn sonst wäre ich ja aufgestanden und weitergelaufen.

Das dachte sich wohl auch Herr Haffke, dessen schrill-nerviges Getriller mich aus meiner viel zu kurzen Erholungsphase riss. »Tommy, was ist denn? Warum bleibst du denn stehen?« Und dann rief er das, was mich endlich aus meiner Starre erweckte und mein gesamtes weiteres Leben so maßgeblich beeinflussen sollte, dass ich Herrn Haffke dafür eigentlich irgendwann mal eine Glückwunschkarte schicken müsste. Er rief nämlich: »So gewinnst du doch nicht!«

Ich hob langsam meinen Blick. Hatte dieser Mann wirklich gesagt: »So gewinnst du doch nicht«? Ernsthaft jetzt? Zu dem Jungen, der inzwischen über eine Runde hinten lag, mit rotem Kopf und schiefer Schutzhaltung auf den Knien kauerte und aussah, als würde er gleich kollabieren oder wahllos irgendeinem Mitschüler aus Frust in den Kopf beißen?

Ja, genau das hatte er gesagt. Und es half mir.

Denn dieser Satz zeigte mir, dass Herr Haffke längst jeglichen Bezug zur Realität verloren hatte, dass seine aufmunternden Kiekser und Rufe nichts als Phrasen waren, die er automatisch absonderte, sobald er sich selbst mit der Trillerpfeife wachgeflötet hatte. Und vor allem anderen zeigte es mir die völlige Sinnlosigkeit dieses gesamten Unterfangens: das idiotische Anstacheln zum Gegeneinanderantreten, das Lachen über andere, wenn sie versagen, und das kehlige Brüllen von »Yööööhh« in die geballten Fäuste, wenn man triumphiert. Und das alles nur, um dann mit einem Fetzen Papier nach Hause zu gehen, auf dem der Herr Schulrat richtigwichtig mit einer draufgedruckten Unterschrift zur einzigartigen Leistung gratuliert? Pfff.

Zitternden Fußes erhob ich mich nun, trat von der Aschebahn auf den in der Mitte liegenden Rasen und ging direkt auf Herrn Haffke zu. Der wechselte nach einer ziemlich langen Schocksekunde von den hohlen Phrasen zurück zur Trillerpfeife. Jeden Schritt, den ich auf ihn zumachte, quittierte er mit einem Triller und immer ausdrucksvoller ausgeführten Fingerzeigern in die Richtung, in die ich seiner Meinung nach eigentlich gerade laufen sollte. Anscheinend war mein Sportlehrer der Meinung, ich würde seiner Anweisung nur deswegen nicht Folge leisten, weil ich seine unmissverständliche Geste nicht verstand. Denn wie war es anders zu erklären, dass er den Fingerzeig immer expressiver ausführte, bald auch den Oberkörper mit in die Zeigerichtung reckte und sich schließlich sogar zu Ausfallschritten animiert fühlte, dank derer er wirkte wie der schlechteste Tänzer, der sich jemals zur Musik einer polyrhythmischen Trillerpfeife ungelenk bewegt hatte.

Ich kehrte aber nicht um und ich blieb auch nicht stehen. Stattdessen ging ich stumm und stieren Blickes an Herrn Haffke vorbei, tauchte unter seinem ausgestreckten Fingerzeig hindurch und steuerte geradewegs auf eine mittig auf dem Rasen gelagerte Weichbodenmatte zu. Obwohl der Plastikbezug bereits wieder darübergezogen war, wirkte sie so einladend wie ein Wolkenhimmelbett.
Ich hörte ganz genau, wie die Stimmen hinter mir, welche

mich eben noch verlacht hatten, immer stiller wurden und schließlich ganz verstummten. Ich drehte mich aber nicht um. Stattdessen ließ ich mich mit einem leisen Seufzer einfach auf die Matte fallen und schloss sofort die Augen ...

Die Sonne wirkte plötzlich nicht mehr stechend, Herrn Haffkes Trillern verschmolz mit dem Gesang der Vögel, und mein Seitenstechen verschwand so schnell, wie es gekommen war.

Tja, und in den Augen meiner Mitschüler war ich innerhalb dieser Minute von einem Versager zu einem ... na ja, nicht zu einem Helden ... aber immerhin zu einem Typen gereift, der sich weder von Trillerpfeifen und Lehrerphrasen noch von höhnischem Gelächter beirren ließ!

Und gleichzeitig fühlte ich drei Dinge, die mich für den Rest meines Lebens prägen sollten.

1. Manchmal erfordert es mehr Mut, etwas nicht zu tun.
2. Befehlsverweigerung ist eine Form von Freiheit.
3. Zu verlieren heißt nicht, dass man ein Verlierer ist.

Ich konnte endlich wieder atmen, und das nicht nur physisch, sondern eben auch psychisch.

Diesen Moment habe ich mir bis heute erhalten, und es kommt immer wieder vor, dass ich mich daran erinnere, durchatme und plötzlich ist alles gar nicht mehr so arg schlimm. Probieren Sie es mal aus. Das hat was. Sie brauchen nur eine Weichbodenmatte und irgendwen mit einer Trillerpfeife.

Bonanza

Von Werner Krappweis

Es war Weihnachten im Jahr 1976, unser Sohn Tommy war inzwischen vier Jahre alt und damit im besten Alter für sein erstes Fahrrad. Und wenn ich Fahrrad schreibe, dann meine ich natürlich nichts anderes als Rennrad. Bis heute habe ich nichts übrig für sogenannte Freizeiträder, Stadträder, Hollandräder oder ähnliche schwerfällige Boliden, mit denen man weder auf eine ernstzunehmende Geschwindigkeit kommt noch irgendeinen Blumentopf gewinnen kann.

Nein, wenn mein Sohn Tommy sein erstes Rad bekommen sollte, dann musste das schon etwas »Gescheites« sein. Motiviert machte ich mich also auf zum Radlgeschäft meines Freundes Christoph, um dort aus den besten Teilen, die ich mir damals irgendwie leisten konnte, ein Kinderrennrad zusammenzustellen, bei dem auch Erwachsene vor Begeisterung mit den Ohren schlackern würden.

Damals war es nicht so einfach wie heute, qualitativ hochwertiges Material für ein Kinderfahrrad zu bekommen. Allerdings hatte ich wirklich die besten Verbindungen und war natürlich top motiviert. Ich freute mich selbst schon sehr auf den Moment, wenn unser Kind mit staunenden Augen vor dem kleinen Rennrad stehen und ungläubig die glitzernden Felgen und die blitzblanke *Shimano*-Schaltung bewundern würde. Seine winzigen Fingerchen würden über das rote

Lenkerband streifen, und er würde am liebsten schon im Wohnzimmer die erste ungelenke Runde drehen. Was sonst.

Natürlich würde ich diesen sportlich-sakralen Moment mit der Super-8-Kamera auf Schmalfilm festhalten. Das war zwar damals immer etwas arg viel ungemütlicher als heute, da man dafür mit der anderen Hand einen brüllend heißen Halogenscheinwerfer mit sagenhaften 1000 Watt hochhalten musste. Ansonsten wäre auf dem nicht besonders lichtempfindlichen Film kaum mehr zu sehen gewesen als ein paar schattige Schemen und die matten Glühbirnchen des Christbaums. Aber lieber nahm ich in Kauf, dass dieser Moment im realen Leben etwas unromantisch hell und unweihnachtlich blendend ausgeleuchtet wurde, als dass ich mir dieses Zeitdokument verwehren ließ: Die Karriere meines Sohnes Tommy, zukünftiger Radrennprofi, Meister auf der Bahn wie im Zeitfahren und allen Bergwertungen und mehrfacher Gewinner der *Tour de France*, würde am 24. Dezember 1976 ihren Anfang nehmen, und natürlich würde ich für spätere Fernsehdokumentationen über seinen internationalen Triumphzug freundlicherweise dieses Bewegtbilddokument zur Verfügung stellen, das ich rein zufällig damals für die Ewigkeit auf Film festgehalten hatte.

Doch es sollte alles anders kommen als geplant ...

Denn Weihnachten ist ja nicht nur das Fest der Väter und ihrer Söhne, sondern auch eins für die gesamte Familie. Und somit hatte sich wie in jedem Jahr auch Tommys Oma Ilse – Mutter meiner damaligen Frau Karin und somit meine Schwiegermutter – bei uns in München eingefunden. Ich möchte nun nicht in die klischeehaften Beschreibungen klassischer Konflikte des Ehemanns mit der Schwiegermutter verfallen. Allerdings fällt mir das in diesem Fall dann doch recht schwer, denn es kam nicht selten vor, dass Oma Ilse sich in meinen Augen vergleichsweise »speziell« verhielt. Der Vollständigkeit halber möchte ich anmerken, dass auch meine eigene Mutter über jede Menge »Spezialitäten« verfügte, die wiederum meine Gattin an den Rand des weißglühenden Wahnsinns trieben. So hinterließ meine Mutter bei ihren Besuchen gerne mal kleine Zettelchen in unserem Kühlschrank, die wir dann an der Butterdose fanden, ordentlich in Sütterlin beschriftet mit den warnenden Worten »Muss gegessen werden!«.

Aber zu dieser Sache komme ich sicherlich noch an anderer Stelle, und auch mein Sohn wird sich vermutlich noch dazu äußern. Aber zurück zum eigentlichen Thema dieser Geschichte: Das wunderbare, einzigartige Rennrad in Kindergröße, welches der kleine Tommy dieses Weihnachten unter dem Baum vorfinden würde …

Oder eben nicht.

Denn offensichtlich hatte auch Oma Ilse hin und her überlegt, was sie ihrem Enkel denn schenken könnte, und was lag näher als ein erstes Fahrrad? Nun war Oma Ilse zwar nicht entgangen, dass ihr Schwiegersohn ein engagierter Rennradfahrer war, und hätte sie vielleicht ein- bis zweimal mehr nachgedacht, wäre ihr in den Sinn gekommen, sich eventuell mit mir oder wenigstens ihrer Tochter abzusprechen, bevor sie losrannte, um eigenmächtig irgendeinen möglichst bunten, kindgerechten Drahtesel zu kaufen! Exakt das aber war nun passiert, und so stand ich bei meiner Rückkehr vom Fahrradgeschäft meines Vertrauens vor einem Ding, das nur deswegen die Bezeichnung Fahrrad verdiente, weil es auf zwei Rädern stand. Alles andere war so weit entfernt von dem, was ich auch nur eines flüchtigen Blickes gewürdigt hätte, dass mir beim Anblick die Knie weich wurden:

Oma Ilse hatte ein sogenanntes *Bonanzarad* gekauft!

Sie erinnern sich vielleicht an diese Modetorheit der Siebziger mit dem langen, an ein Motorrad erinnernden Sattel, dem albern langen geweihförmigen Lenker und der lächerlichen Gangschaltung mit dem Knüppel an der Mittelstange. Wie so vieles wird das *Bonanzarad* heute als besonders nostalgisch oder cool angesehen – allerdings nicht von mir. Damals wie heute habe ich für diese Ausbrut velocipeder Albernheit überhaupt kein Verständnis, und immer, wenn mir eines dieser blödsinnigen Deppenschaukeln entgegenwackelt, muss ich es mit Verachtung oder am besten einer wegwerfenden Handbewegung strafen. In den Siebzigern war das *Bonanzarad* allerdings so weit verbreitet, dass ich mit den wegwerfenden Handbewegungen gar nicht mehr nachgekommen bin und vermutlich gewirkt habe wie ein psychisch kranker Schülerlotse.

Nun stand so ein drahtgewordener Würgreflex direkt vor mir, und ich konnte meine Augen kaum abwenden von all den Furchtbarkeiten, die das Ding in sich vereinte. Von den oben beschriebenen *Bonanzarad*-typischen Eigenschaften abgesehen, hatte Oma Ilse auch noch am Lenker eine Art Lametta befestigt, was dann wohl im Wind flattern sollte, und an der viel zu langen Gabel des Vorderrads waren Befestigungen angebracht, in die man allen Ernstes Spielkarten klemmen konnte, um beim Fahren ein entsprechend klapperndes Geräusch zu erhalten. Das Grauen, das Grauen …

Normalerweise hätte ich das Glump gleich über den Balkon vom vierten Stock auf die Straße geworfen, aber das war natürlich in diesem Fall nicht möglich. Denn vor mir standen außerdem meine Ehefrau Karin und natürlich die Schwiegermutter Ilse höchstpersönlich, die mich mit undurchdringlichem Blick musterte und es wieder einmal schaffte, kein einziges Mal zu blinzeln, während ich zurückstarrte. Bis heute ist mir völlig unverständlich, wie sie das eigentlich bewerkstelligte.

Sofort war klar, dass weder der beherzte Wurf vom Balkon noch irgendeine andere Form von »Werd-das-Ding-noch-vor-Weihnachten-los« auch nur den Hauch einer Option bot. Dieses *Bonanzarad* würde definitiv unter dem Christbaum landen. Oder mein Kopf auf einem Tablett als Käseigel. Also seufzte ich sehr, sehr tief. Und dann noch einmal. Und fügte mich dem Schicksal ...

Die Einzelteile für das Rennrad bestellte ich schwersten Herzens wieder ab, allerdings war ich wild entschlossen, dann eben gleich die nächste Gelegenheit zu nützen, um die Sportlerkarriere meines Sohnes endlich zu starten. Und diese Gelegenheit war eindeutig das kommende Osterfest 1977, wenn wir wie jedes Jahr nach Igea Marina fahren würden, wo ich regelmäßig das Ferientrainingslager der Jugend in meinem Radsportverein *RV Sturmvogel* veranstaltete. Wie immer würde ich die Familie dorthin mitnehmen und wie immer würde unser Sohn dort am offsaisonal recht verlassenen und tendenziell eher nasskalten Strand nach Ostereiern und Lego suchen. Diesmal würde er aber ein Rennrad finden, koste es, was es wolle!

Natürlich blieb mir dann am Weihnachtsabend nicht einmal die Schmach erspart, meinen hocherfreuten Sohn auf Super-8-Film zu bannen, wie er völlig begeistert auf das *Bonanzarad* sprang, jauchzend die alberne Kupplung betätigte und sich die nächste halbe Stunde voller Vorfreude auf den nächsten Tag mit dem Scheißding durch die Wohnung fußelte.

Eigentlich hatte ich vor, dieses Stück des Filmes direkt nach Erhalt aus dem Kopierwerk zu verbrennen. Aber heute bin ich natürlich froh, dass wir diese Szene noch gemeinsam anschauen und dabei lachen können. Wobei mein Gelächter eher etwas forciert klingen mag, denn ich kann mich an den Anblick meiner vierjährigen Radsporthoffnung Tommy auf diesem ganz und gar unsportlichen Ding auch Jahrzehnte später nicht gewöhnen.

Es sei der Vollständigkeit halber erwähnt, dass Tommy bei der Durchsicht der Super-8-Filme für unser anderes biographisches Projekt, *Das Vorzelt zur Hölle,* auch über diese Szene stolperte und mich danach verwundert fragte, warum er sich gar nicht daran erinnern könne, tatsächlich auf diesem Rad jemals weiter gefahren zu sein als die paar Meter durch die Wohnung an ebenjenem Weihnachtsabend …

Nun, das mag daran gelegen haben, dass am nächsten Morgen aus völlig unerfindlichen Gründen die Schaltung ihren qualitativ minderwertigen Geist aufgegeben hatte und die Kette nicht mehr dazu zu bewegen war, auf den entsprechenden Zahnrädern zu verbleiben … Mein allergrößtes Bedauern ausdrückend und dabei so gut es ging die ölverschmierten Finger verbergend, trug ich das *Bonanzarad* mitsamt dem enervierenden Geflitter am Lenker hinunter in den Keller – natürlich immer darauf bedacht, dass mich keiner der Nachbarn damit sah. Welch eine Schmach wäre das gewesen!

Und was soll ich sagen, schon bald hörte der kleine Tommy auch auf, nach dem Zustand des Rades zu fragen, und beschäftigte sich viel lieber mit dem geliebten Lego und seinem Marionettentheater. Und irgendwann brauchte ich dann eben auch mal Platz im Keller, und da musste eben etwas mindestens Mittelgroßes weichen …

Und so verschwand das missgestaltete Mistding in einer finsteren, stürmischen Nacht auf Nimmerwiedersehen in einer besonders uneinsehbaren Ecke des Fahrradladens meines Vertrauens, wo es fürderhin als eine Art Ersatzteillager für andere Kinder-*Bonanzaräder* ausgeschlachtet werden sollte. Bald waren nur noch die Lenkergriffe mit dem Lametta übrig und sehr schnell nicht einmal mehr die. Ich hatte triumphiert.

Zugegeben, jetzt, wenn ich all das niederschreibe, fühle ich mich schon ein bisschen schuldig. Aber andererseits hätte auch dieses Ding nichts daran geändert, dass mein Sohn Tommy letztlich alles andere als ein Radrennprofi wurde. Nichtsdestotrotz bekam er einige Zeit später doch noch dieses um ein Vielfaches großartigere, ganz und gar wunderbare Rennrad. Was er seltsamerweise nicht im Entferntesten so interessant fand wie das *Bonanzarad* unter dem Christbaum im Jahr 1976.

Doch das sind zwei ganz eigene Kapitel, und die sollen von Tommy selbst erzählt werden.

Wenn, dann richtig

Von Tommy Krappweis

Mein erstes Fahrrad verschwand so schnell, wie es an Weihnachten erschienen war. Dank des vorhergegangenen Kapitels meines Vaters weiß ich nun, dass *er* das *Bonanzarad* auf dem Gewissen hat, aber ich kann ihm verzeihen, denn er war nun mal genau wie ich ein Gefangener seiner Wünsche und Bedürfnisse. Sein größter Wunsch war, dass ich möglichst bald mein erstes Radrennen gewann, und sein drängendstes Bedürfnis war, dass ich möglichst bald mein erstes Radrennen gewann. Somit war ihm viel daran gelegen, dass ich so schnell wie möglich ein anständiges Fahrrad bekam, um möglichst bald mein erstes Radrennen zu gewinnen. So weit, so eindimensional. In der Praxis aber sollte sich das als gar nicht so einfach herausstellen. Und daran war niemand anders schuld als ... wir beide.

Sobald mein Kopf nicht mehr größer war als mein Körper, schien für meinen Vater die Zeit gekommen zu sein, mich das Radfahren zu lehren. Schon zu diesem frühen Zeitpunkt hatte er uns ein winziges rotes Rennrad vom Mund abgespart, und ich kann mich noch erinnern, wie er vor mir stand: Leuchtende Augen vor Freude und Stolz auf seinen vierjährigen Sohn, der allerspätestens übermorgen schon als erster über irgendeine Ziellinie brettern würde. Alles, was es dafür brauchte, war, dass der kleine Tommy jetzt mal schnell das Fahrradfahren erlernte.

Natürlich hatte Werner Krappweis das kleine Rennrad fachmännisch so vorbereitet, dass man damit theoretisch direkt zur *Tour de France* starten konnte: Ein tiefer Rennlenker mit zwei Bremsen, die man nur erreichen konnte, wenn man Rennfahrerhaltung eingenommen hatte, und ein schmaler, ultraharter Sattel, der so hoch war, dass ich mit den Zehenspitzen gerade so den Boden erreichte. »Des muas so sei, Bua«, erklärte mir mein Vater, »so gibt's beim Treten die optimale Kraftübertragung!«

Die Kraftübertragung war mir aber gerade völlig wurscht, für mich zählte nur, dass ich schon im Stehen das Gefühl hatte, ich würde jeden Moment mitsamt dem Fahrrad umkippen. Dieses Gefühl mutierte urplötzlich in Gewissheit, als mein ungeduldiger Papi mich plötzlich losließ, damit ich endlich meiner Bestimmung entgegenradeln konnte. Stattdessen lag ich Sekunden später auf dem Gehsteig und meine Hose klemmte zwischen Kette und Zahnkranz. Natürlich hatte dieses Rad auch keinen Kettenschutz. So was wäre ja nur unnötiger Ballast gewesen. Ebenso fehlten jedwede Form von Beleuchtung, Reflektoren oder anderer Schnickschnack.

Natürlich ist es grundsätzlich richtig, dass man gerade am Anfang gutes Arbeitsgerät benötigt. Gerade im Musikbereich ist das ausschlaggebend: Wenn ein Kind sich zum Beispiel wünscht, Gitarre zu lernen, ist die dümmste Idee, ihm erst mal die Klampfe in die Hand zu drücken, die bei Oma seit vier Jahrzehnten an die Wand genagelt war. Der weitverbreitete Satz »Das tut's doch für den Anfang« ist ebenso falsch, wie der Klassiker »Mal schauen, ob es dir übermorgen immer noch Spaß macht« zu kurz gedacht ist. Es macht einfach keinen Sinn, sein Kind direkt am Anfang mit himmelschreiendem Geraffel zu demotivieren. Spielbare Instrumente waren nie so billig zu bekommen wie heute, und alles, was es dazu braucht, sind Eltern, die zwanzig Minuten ihres Lebens investieren, um sich in einem Fachgeschäft beraten zu lassen.

Nun hinkt der Vergleich natürlich gewaltig, wenn man die Bemühungen meines Vaters dagegenhält. Das wäre in etwa so, als würde man einem dreijährigen Kind, das sich eine Flöte wünscht, ein Saxophon in die Hand drücken und direkt den Kartenvorverkauf für das erste Konzert starten.

Ein paar weitere Versuche, mich mehr als einen Meter auf dem Rennrad fahren zu lassen, scheiterten, und ich hatte sehr schnell jegliches Interesse verloren, jemals das Fahrradfahren zu erlernen. Es war zu unbequem, zu kippelig, kaum zu kontrollieren, zu hoch, zu schwer, zu alles. Bäh!

Seufzend fügte sich mein Vater in die Gewissheit, dass er meine Anmeldung für das Zeitfahren am kommenden Wochenende wohl zurückziehen musste.

Einige Zeit später – vielleicht sogar ein halbes oder ein ganzes Jahr, das weiß ich nicht mehr so genau – startete dann meine Mutter einen eigenen Versuch, mir das Fahrradfahren beizubringen. Dazu lieh sie sich ein kleines Klapprad von unseren Nachbarn. Es war deutlich einfacher in Betrieb zu nehmen, vor allem, weil es keine Mittelstange hatte. Aber auch der niedrige Sattel, der es mir ermöglichte, mit beiden Füßen plan auf dem Boden zu stehen, der Lenker, bei dem die Bremse gut zu erreichen war, und die aufrechte Sitzhaltung waren eine enorme Erleichterung. Es dauerte nicht lang und ich radelte fröhlich und stolz vor dem Haus den Gehweg auf und ab.

Meine Mutter besorgte mir noch in der gleichen Woche ein gebrauchtes Kinderrad, das genau so bequem zu bewältigen war, und schließlich präsentierten wir beide meinem Vater den großen Erfolg. Ich kann mich nicht mehr an seine Reaktion erinnern und konsultierte meinen Vater darum während der Arbeit an diesem Kapitel, ob er sich vielleicht an den Moment erinnern könne.

»Ja mei, mit so einem Ding kann's ja jeder«, antwortete er mir zunächst, um dann immerhin nachzuschieben, dass er es natürlich grundsätzlich toll gefunden hatte, dass ich überhaupt auf einem Fahrrad saß. Ich merkte ihm aber deutlich an, dass ihn das Ganze noch heute, Jahrzehnte danach, wurmte.

Ich war nach wie vor nicht sonderlich begeistert vom Fahrradfahren und betrachtete es ausschließlich als ein Transportmittel für Wege, die zu Fuß zu weit oder nervig waren. Und selbst da zog ich in den ersten Lebensjahren eigentlich mein Kettcar vor. Sogar bei der Fahrradprüfung in der Grundschule versuchte ich dem Lehrer weiszumachen, dass ich zwar mit dem Fahrrad hergekommen war, aber so ganz grundsätzlich eher der Verkehrstyp »Kettcarfahrer« sei. Er glaubte mir nicht, und ich fiel durch, was aber vor allem daran lag, dass ich damals wie heute ein massives Problem damit habe, links von rechts zu unterscheiden. So setzte ich die gängige Regel »rechts vor links« nur durch Zufall ab und zu richtig um.

Für meinen Vater war das Fahrradthema aber noch nicht vorbei. Ganz im Gegenteil …

Wenn Pokale flüstern

Von Werner Krappweis

Während meiner fünfundvierzigjährigen aktiven Radsportlaufbahn hat sich ja so manche Trophäe in Form von Siegerschleifen, Pokalen, Krügen, Medaillen und Urkunden bei mir eingenistet. Einen Großteil davon hatte ich ja beim Einzug meiner jetzigen Ehefrau Renate schon tief seufzend dem Sperrmüll übergeben. Wenn es schon so weit ist, dass man ernsthaft darüber nachdenkt, ob man ein paar der Pokale nicht als Vasen ins Bücherregal stellen und die kleineren vielleicht als Trinkgefäße verwenden könnte, um deren Aufenthalt im Küchenschrank irgendwie zu rechtfertigen, dann ist klar, dass etwas geschehen muss.

Wir einigten uns aber darauf, im Schlafzimmer über der Tür ein neues Regal anzubringen, um dort meine wichtigsten Trophäen aufzustellen. So kann ich direkt vom Bett aus die Pokale sehen, und manchmal, wenn ich nicht gleich einschlafen kann oder am Morgen schon vor meiner Frau wach bin, werde ich bei diesem Anblick an so manches Rennen erinnert.

Bei dem kleinen goldenen Topf ganz links denke ich gerne an die Deutsche Juniorenmeisterschaft auf der Straße in Lebach an der Saar, denn nach diesem Rennen stand ich wirklich an einem Scheidepunkt in meinem Leben.

Ich war damals achtzehn Jahre alt und startete somit zum letzten Mal in der Juniorenklasse. Das Rennen ging in drei Runden über jeweils 120 Kilometer. Ich fühlte mich wirklich gut und hatte in jeder Runde auch die Bergwertung für mich entschieden. Auf den letzten Kilometern lag ich mit zwei weiteren Fahrern an der Spitze – mit einem Minutenvorsprung.

Nun hatte ich mir die Zielankunft vor dem Rennen schon genau angeschaut und wusste daher, dass 300 Meter vor dem Ziel noch eine scharfe Rechtskurve zu durchfahren war. Mein Plan war, meine beiden Gegner noch vor der Kurve mit einem plötzlichen Antritt zu überraschen.

Genauso wie ich es mir vorgenommen hatte, führte ich es durch: Kurz vor der Abbiegung nahm ich etwas Abstand zu meinen beiden Gegnern, legte einen entsprechend dicken Gang ein und trat an. Da meine Kontrahenten überhaupt nicht mit dem überraschenden Antritt gerechnet hatten, betrug mein Vorsprung nach der Kurve schon satte zwanzig Meter!

Ich sah sogar schon das Zielband, und der Sieg war mir nicht mehr zu nehmen. Dachte ich ...

Denn plötzlich vernahm ich unter mir ein komisches Geräusch. Bei jeder Radumdrehung machte es »Pft, pft, pft«. Ich zögerte nur einen kurzen Augenblick, weil ich dachte, bei dem Antritt hätte es möglicherweise mein Hinterrad verzogen und es würde am Rahmen streifen! In Wirklichkeit war ich jedoch in eine Glasscherbe gefahren, und aus dem Hinterreifen entwich die Luft!

Natürlich hatten meine beiden Gegner das Pech bemerkt und traten nun ebenfalls in die Eisen. Ich hörte sie herannahen, fuhr trotz des platten Reifens ratternd und fluchend auf der Felge weiter und lieferte den anderen beiden einen harten Kampf auf den letzten 200 Metern ins Ziel!

Tatsächlich holte ich wieder auf, mein Rad ächzte und das Metall der Felge kreischte bei jedem schweren Antritt auf dem Asphalt. Trotzdem klebte ich schon wieder am Hinterrad des Zweiten, ließ einen Urschrei los und trat noch einmal an, gewann abermals ein paar Zentimeter und ... stand wenig später trotzdem als Drittplazierter auf dem Siegerpodest. Links neben dem Sieger auf der untersten Stufe. Hätte ich bei dem Hinterraddefekt nicht diesen kurzen Moment gezögert, wäre mir der Sieg trotz des platten Reifens kaum zu nehmen gewesen. Kaum jemand von den Zuschauern hatte meinen Defekt bemerkt, ein paar andere Leute allerdings sehr wohl.

Einige der anwesenden Radsportexperten hatten meine Stärke während des Rennens und vor allem auch die Überlegenheit am Berg bemerkt. Dass ich dann noch auf der Felge zurück in die Spitzengruppe geschmettert war, hatte ebenfalls Eindruck gemacht. So kam es, dass ich nach dem Rennen überraschenderweise von *Fichtel und Sachs* – der damals einzigen deutschen Profimannschaft – das Angebot bekam, in ihr Nachwuchsteam einzutreten. Ich fühlte mich natürlich riesig geehrt, denn das war schon eine große Genugtuung für meinen verpassten Sieg. Als Monatsgehalt wurden mir 400 DM angeboten, natürlich plus Spesen und Prämien. Das war schon nicht so übel, aber auch nicht gerade üppig.

Ich überlegte: Als amtierender Deutscher Meister hätte ich ein Monatsgehalt von 600 DM bekommen. Also entschloss ich mich, mit meiner Profikarriere noch ein Jahr zu warten und einfach im nächsten Jahr die Deutsche Meisterschaft zu gewinnen. Das klingt jetzt vielleicht etwas arg eingebildet, aber tatsächlich war mir damals kaum ein Sieg zu nehmen, wenn mein Material und das Schicksal halbwegs mitspielten.

Im darauffolgenden Jahr fuhr ich nun in der sogenannten Amateurklasse und hatte wieder eine sehr erfolgreiche Saison. Ich gewann einige große Straßenrennen und war nach dem dritten Platz bei *Rund um Frankfurt* sogar nominiert für die Nationalmannschaft.

Gut gelaunt und fit wie nie startete ich auch bei der Deutschen Meisterschaft und tatsächlich: Es konnte besser nicht laufen. Ich hatte das Gefühl, schon beim ersten Berg einfach allen davonfahren zu können, beließ es aber dann doch dabei, vorerst im Feld zu bleiben, dabei natürlich die Spitze nie aus den Augen zu verlieren und erst im letzten Drittel anzugreifen.

Hätte ich damals weniger vernünftig gehandelt und stattdessen meinem Übermut nachgegeben, wären meine Chancen auf den Meistertitel deutlich größer gewesen, denn in diesem Jahr passierte bei der Deutschen Meisterschaft ein fürchterlicher Massensturz mit unzähligen Fahrern, die in-, über- und untereinander auf dem Teer landeten. Und ich mittendrin! Blutend und benommen rappelte ich mich trotzdem auf, bestieg mein Rad und versuchte alles, um wieder Anschluss an die Gruppe vor mir zu erlangen. Aber es war unmöglich, den Vorsprung wieder hereinzufahren, und so ging ich doch glatt als vierzehnter Fahrer durchs Ziel. Aus der Traum vom Titel.

Bei der nächsten Deutschen Meisterschaft war ich gerade noch in dem Alter, in dem es möglich gewesen wäre, in die Profimannschaft von *Fichtel und Sachs* zu wechseln. Ausgerechnet in diesem Jahr hatte ich während der Saison einen schweren Unfall, bei dem ich mir im Wesentlichen alles brach, was sich auf der linken Körperhälfte befand – unter anderem das Brustbein, sechs Rippen und das Schulterblatt. So konnte ich tatsächlich auch in diesem entscheidenden Jahr nicht antreten zur Deutschen Meisterschaft …

So blieb ich also weiterhin Kfz-Handwerker bei der damals noch staatlichen Post. Dort hatte ich zwar als Leistungssportler auch viele Vergünstigungen, aber ich denke schon oft daran, wie es mir möglicherweise als Radsportprofi ergangen wäre. Ob ich wirklich gut genug gewesen wäre, um bei der *Tour de France* dabei zu sein? Oder hätte ich vielleicht im bezahlten Sport die geforderte Leistung letztendlich doch nicht erbringen können und wäre dann mein restliches Leben Mechaniker bei einem Radsportteam gewesen? Ich weiß es nicht, letztendlich hat mir das Schicksal diese Entscheidung abgenommen.

Bei einem anderen Rennen gewann ich keinen Pokal, sondern eine goldfarbene Siegerplakette an einem weiß-blauen Band. Diese Auszeichnung des Bayerischen Radsportverbandes hat einen Ehrenplatz in meiner Trophäensammlung.

Meine damalige Frau Karin war hochschwanger mit unserem zweiten Kind und bereits zwei Wochen über der Zeit. Am Sonntag, dem 4. Mai 1978, hatte sie sich fest entschlossen, im Krankenhaus die Geburt künstlich einleiten zu lassen und das Kind endlich zur Welt zu bringen. »Ausgerechnet am Sonntag?«, rief ich. »Da bin ich doch zur Bayerischen Straßenmeisterschaft gemeldet!« Doch Karin war nicht zu erweichen. An diesem Tag sollte das Kind das Licht der Welt erblicken, und wenn ich dieses Rennen unbedingt fahren wollte, dann sollte ich doch bitte pünktlich fertig sein und mich allerspätestens um 16:30 Uhr in der Klinik einfinden. Da die Bayerische Meisterschaft in diesem Jahr tatsächlich bei München stattfand, hatte ich von den Entfernungen her eine theoretische Chance, das zu schaffen. In der Realität aber würde das Rennen nicht so pünktlich vorbei sein, und selbst wenn ich bei einem Sieg die nachfolgende Siegerehrung ausfallen ließ, würde es verdammt knapp werden. Ich verschwieg aber all meine Bedenken, dankte meiner Frau überschwenglich, und so packten wir beide unsere Taschen. Sie fürs Krankenhaus und ich die nötigen Utensilien für das Radrennen.

Also lieferte ich Karin am Sonntagmorgen im Krankenhaus ab, wünschte ihr alles Gute, versprach, dass ich auf jeden Fall pünktlich zurück sein würde, und fuhr anschließend weiter zum Radrennen.

Kurz nach dem Start setzte dann auch das – völlig berechtigte – schlechte Gewissen ein. Wie konnte ich nur meine Frau bei so einem Ereignis alleine lassen?

Irgendwann während des Rennens rief ich meinem Bruder, der ebenfalls mitfuhr, zu: »Du, ich halt das nicht mehr aus! Ich steige jetzt aus und fahre ins Krankenhaus.« Doch der antwortete mir: »Schau halt zu, dass wir früher fertig werden. Dann kannst du auch früher abhauen.« Das war ein guter Plan …

Ohne weiter nachzudenken, fuhr ich sofort an die Spitze des Feldes, vorne weit hinaus und legte ein so brutales Tempo vor, dass ich hinter mir ein mehrstimmiges Stöhnen und den einen oder anderen wütenden Ausruf vernahm. Warum musste der Krappweis denn jetzt – so früh im Rennen – aus dem Feld rausfahren!?

Die Unmutsbekundungen wurden aber schnell leiser, als ich auch am Berg immer weiter beschleunigte und schließlich mutterseelenalleine ganz oben ankam. Ohne mich auch nur ein einziges Mal umzublicken, raste ich weiter den Berg hinunter und raste ganz einsam über die Straße dahin, auf das Ziel zu. Wenn ich so weiterfuhr, würde ich nicht nur deutlich früher das Rennen beenden, nein, auch die Fahrer hinter mir versuchten ja, mich einzuholen, und sorgten somit vielleicht sogar dafür, dass die Siegerehrung der ersten drei deutlich früher als geplant stattfinden konnte!

Solchermaßen motiviert schoss ich als Erster über die Ziellinie, nach mir aber erst einmal niemand sonst. So mancher der Zuschauer schaute ungläubig auf seine Uhr, starrte dann mich an, um darauf in frenetischen Jubel auszubrechen. Aber ich starrte nur auf die Straße hinter mir, in der Hoffnung, dass ein paar andere Fahrer mir dichtauf gefolgt waren und wir so vielleicht sogar noch eine Siegerehrung schaffen würden. Doch da kam nix. Mein Vorsprung war einfach zu groß und ich verlor kostbare Minuten!

Also eilte ich durch die jubelnden Menschen zum Kampfgericht, rief den verdatterten Richtern zu, dass ich leider nicht zur Siegerehrung bleiben könne, weil in München jeden Moment mein Sohn geboren würde, warf mein Rad ins Auto und sauste los.

Punkt 16:00 Uhr hielt ich quietschend vor dem Krankenhaus und fragte mich durch bis zu meiner Frau. Ein bisschen machte ich mir schon Sorgen, ob sich hier vielleicht rumgesprochen hatte, dass der zukünftige Vater eines Kindes noch schnell vor der Entbindung an einem Radrennen teilgenommen hatte. In der Tat: Der behandelnde Arzt begrüßte mich schon von weitem und deutete grinsend auf mein Renntrikot. »Ich hoffe, Ihr Rennen lief gut? Wir sind gerade kurz vor Start«, rief er mir lachend zu und winkte mir, mit ihm zu kommen. Die Krankenschwestern im Umkreis allerdings lachten nicht, sondern straften mich mit aller Verachtung, die sie nur irgendwie in ihre Blicke legen konnten.

Natürlich drehte sich dann erst einmal alles um die werdende Mutter: Nur wenig später brachte sie einen gesunden Jungen zur Welt.

Im Beisein des schwitzenden Vaters, der gerade die Bayerische Meisterschaft gewonnen hatte.

An einem Vatertag.

Ein Königreich für einen Reifen

Von Werner Krappweis

Ein ganz besonders großer Pokal erinnert mich immer wieder an ein ganz besonderes Rennen: Es war die allererste *Gesamtdeutsche Straßenmeisterschaft der Seniorenklasse* nach der Wende.

Dieses Rennen in Görlitz war mein erster Besuch im Osten Deutschlands. Damals waren in der Oberlausitz die Straßen noch fürchterlich schlecht, und staunend starrten wir auf die beschädigten Häuser, die grau in grau die Straßen säumten. Angesichts der heute so wunderbar renovierten historischen Gebäude mutet die Erinnerung an, als läge sie deutlich weiter zurück.

Unser angewiesenes Quartier war ein ungemütlicher großer Saal in einer Art Jugendherberge. Dort sollten unzählige Rennfahrer in Stockbetten übernachten. Der Lärm, die Enge, der Gestank nach Massageöl und anderen Dingen, die man ungern riecht, waren unbeschreiblich. Außerdem bildeten sich sofort lange Schlangen an den sanitären Einrichtungen, und entsprechend verschlechterte sich auch der Zustand derselben rapide.

Ich bin nicht gerade zimperlich, aber schließlich beschloss ich dann doch, zusammen mit drei anderen Kameraden aus meinem Verein *RV Sturmvogel München*, uns eine andere

Bleibe zu suchen. Erstaunt stellten wir fest, dass es gar nicht so einfach war, ein anderes Quartier zu finden. Erst nach langem Suchen und Fragen fanden wir vier Kilometer von Görlitz entfernt eine Pension. Es waren zwei äußerst spärlich eingerichtete Zimmer. Außer Tür und Fenster fanden sich in jedem Raum tatsächlich nur ein Bett, ein Nachtkästchen und sonst nichts. Aber immerhin besser als zwanzig andere Radfahrer und ihre unterschiedlichsten Gerüche.

Am Tag drauf herrschte herrliches Wetter. Das Rennen ging über vier Runden, das waren insgesamt 100 Kilometer mit knackigen Anstiegen und schnellen Abfahrten.

Bereits nach den ersten gefahrenen Kilometern stellte ich mit Entsetzen fest, dass mein Vorderreifen langsam Luft verlor. Ich schaffte gerade noch den ersten Berg, da rumpelte ich schon auf der Felge über die ruppige Straße. Da ich natürlich mit dem platten Reifen am Berg etwas zurückgefallen war, fragte ich ganz verzweifelt andere Rennfahrer, die an diesem ersten Berg bereits aussichtslos zurücklagen und sowieso keine Chance hatten, im Ziel anzukommen, geschweige denn, sich noch zu plazieren, ob mir einer vielleicht sein Vorderrad ausleihen könnte. Nichts dergleichen – ganz im Gegenteil sogar: Alles, was ich bekam, waren schadenfrohe Blicke und ein paar erstaunlich bösartige Sprüche über den westdeutschen Rennfahrer mit seinem super Material, das ihm nun auch nicht weiterhelfen würde. »Den Sieg kannste dir nu och nich koofen!«, rief mir glatt einer hinterher. Doch das motivierte mich erst recht. Denen würde ich es zeigen. Platten hin oder her!

Tatsächlich transportierte mich meine Wut und Entschlossenheit noch ein paar hundert Meter auf dem platten Reifen weiter, bis mir plötzlich jemand vom Straßenrand zurief. Es war ein Hobbyfahrer mit einem recht antik anmutenden Touristikfahrrad, der mich tatsächlich fragte, ob er vielleicht helfen könne.

Sofort lenkte ich meinen Blick auf seinen Vorderreifen: Es war eine regelrechte Walze, mit dickem Profil und einer schweren Felge mit ebensolchen Speichen. Ob dieses Ding überhaupt in meine Gabel passen würde? Nun ja, ausprobieren konnte ich es ja.

Ich erklärte ihm meinen Plan, und sofort nickte der nette Herr und half mir, seinen Vorderreifen auszubauen.

Kaum hatte ich an meinem Rad die vordere Bremse ausgehängt und das Rad mit den Flügelmuttern befestigt, drehte es sich auch schon in der Gabel, ohne irgendwo zu streifen.

Ich sprang auf mein Rad, während ich mich überschwenglich bedankte, und raste sofort los wie der Teufel! Der Vorderreifen war zwar etwas teigig, da er leider viel zu wenig Luft hatte, und machte beim Fahren ein ungewohntes, walkendes Geräusch, aber ich war wieder unterwegs: Im Bauch eine ziemliche Wut, gepaart mit Verzweiflung und dazu noch mehreren Minuten Rückstand!

Bald holte ich aber glatt die ersten zurückgefallenen Rennfahrer ein. Sie alle versuchten, mit mir mitzuhalten, aber keiner schaffte es, sich an mich dranzuhängen. Dazu erntete ich natürlich viele verwunderte Blicke ob meines sehr seltsamen Rennrads mit dem unübersehbar dicken, antiquarischen Reifen vorne.

Mit jedem Kopfschütteln der anderen Fahrer und Zuschauer entlang der Strecke machte mir dieser dicke, bullernde Vorderreifen mehr Spaß, und das gab mir eine ungewohnte Energie. Ich hatte ein Gefühl, als ob ich damit alle Gegner einfach niederwalzen könnte, und irgendwie entsprach das sogar der Wirklichkeit: Nach 60 Kilometern Aufholjagd sah ich weit vor mir tatsächlich das gelbe Blinklicht auf dem Dach des Führungsfahrzeugs! Ha!

Am Fuß der letzten Steigung vor dem Ziel hatte ich tatsächlich den Anschluss geschafft.

Ohne zu verschnaufen, trat ich jetzt erst richtig an und schoss einfach an dem gesamten Feld vorbei und vorne aus der Spitze! Ein bisschen verwundert war ich schon, dass mir das nun so leichtgefallen war. Doch da erkannte ich auch schon mein Glück im Unglück: Die letzten paar hundert Meter zurück in die Stadt führten über grobes Kopfsteinpflaster und die anderen Rennfahrer hatten große Mühe, die Räder mit den schmalen Reifen auf der Spur zu halten. Alle außer mir!

Denn mein bulliger, halb aufgepumpter Nachkriegsreifen rollte so locker und problemlos über die groben Pflastersteine, als hätte man extra für mich die Straße frisch asphaltiert. So gewann ich ebenso souverän wie originell dieses historische Rennen.

Bei einem Interview auf der Siegertreppe wurde ich gebeten, etwas über das Rennen zu sagen. Nachdem ich die Strecke und die Organisation gebührend gelobt hatte, erzählte ich über Mikrophon vor den vielen Zuschauern, wie ich das Rennen erlebt hatte, und auch mein Missgeschick mit dem platten Reifen. Als ich zu dem Punkt kam, an dem man mir mehrfach die Hilfe verweigert hatte, wurde es kurz etwas stiller. Doch bevor die Stimmung kippen konnte, erzählte ich von dem hilfsbereiten Herrn am Straßenrand mit seinem altertümlichen Fahrrad, der von sich aus Hilfe angeboten und geleistet hatte, ohne auch nur drüber nachzudenken. Ich fragte, ob der freundliche Mann vielleicht sogar anwesend sei, und tatsächlich stand er mitsamt seinem vorderradlosen Fahrrad mitten unter den Zuschauern und winkte zu mir hinauf. Ich winkte zurück und bedeutete ihm, bitte zu mir zu kommen.

Unter ohrenbetäubendem Beifall der Zuschauer tauschten wir nun betont feierlich unsere Vorderräder aus. Als ich ihm schließlich zum Dank und als Andenken an seine gute Tat die eben gewonnene Siegermedaille umhängte, schossen dem netten Herrn die Freudentränen in die Augen, er umarmte mich, und die Menge tobte vor Begeisterung.

So endete die erste Gesamtdeutsche Straßenmeisterschaft der Senioren *Rund um die Landeskrone* in Görlitz mit der freundschaftlichen Umarmung eines Ossis und eines Wessis.

»Die hatten kein Ypsilon«

Von Tommy Krappweis

Wer unser Buch *Das Vorzelt zur Hölle* gelesen hat, der weiß, dass mein Vater nicht nur passionierter Sportler, sondern eben auch manischer Camper ist. Es wurde grundsätzlich mit dem Campingbully in den Urlaub getuckert, und Hotels waren verpönt. Die einzige Ausnahme bildeten die Osterferien, und der Grund war nicht etwa das wechselhafte Wetter, oh nein. Der Grund war natürlich der Sport …

Denn der Radsportverein meines Vaters mit dem malerischen Titel *RV Sturmvogel* fuhr jedes Jahr um die Osterzeit ins italienische Igea Marina in das sogenannte Trainingslager. Dort okkupierte man ein Hotel am Strand, der zu dieser Jahreszeit ebenso leergefegt war wie der gesamte Rest des rein auf Tourismus ausgelegten Örtchens am Meer. Außer ein paar streunenden Hunden und großen Haufen aus umgelegten Schirmständern entlang des kilometerlangen Sandstrands war dort nichts und niemand anzutreffen. Auch die meisten Läden waren geschlossen, da niemand da war, der etwas hätte kaufen wollen.

Von mir mal abgesehen, der ich meist schon bei der Ankunft den Stapel Bücher aus der Bücherei leer gelesen hatte und nun die restlichen Wochen verzweifelt auf der Suche nach irgendeinem Laden war, wo mir meine Eltern vielleicht ein *Disneys Lustiges Taschenbuch* kaufen würden. Zur Not auch auf Italienisch. Nichts dergleichen.

Ach, da fällt mir ein, eine Sache gab es doch: Etwa 200 Meter die Straße hinunter stand eine Art Blechhütte, die randvoll gefüllt war mit Flipper- und *Arcade-Game-*Automaten. Ein Spiel kostete 500 Lira, also etwa 25 Cent. Ich hätte gut und gern die zwei Wochen Zwangsurlaub in dieser Blechhütte verbracht, doch leider war das Ding rund um die Uhr besetzt. Und zwar von den Jugendlichen, die während der kühleren Jahreszeiten weder einen Job noch Schule oder irgendeine andere Beschäftigung hatten, außer in ebenjenem Schuppen herumzustehen. Dabei funkelten sie alles, was nach Touri roch, wütend an und machten auch durch die restliche Körpersprache jede Hoffnung zunichte, man könne vielleicht an einem der Geräte ein kleines Spielchen wagen.

Da meine Eltern den ganzen Tag auf dem Rennrad saßen, blieben mir nur zwei Optionen. Ich konnte entweder versuchen, die überschaubare Menge an mitgebrachtem Lego immer wieder neu zu kombinieren, oder mich alleine in die Hoteldisco stellen. Die Disco im Keller war nämlich ebenso wenig in Betrieb wie der Rest des gesamten Ortes, wurde aber vom *RV Sturmvogel* während des Aufenthalts genützt als Fahrradlager. Somit war die Tür immer offen und ich konnte dort entweder den altersschwachen Flipper heißspielen, bis er »TILT« anzeigte, oder für mich allein den DJ spielen. Das beschränkte sich allerdings darauf, in ohrenbetäubender Lautstärke italienische Schlager abzunudeln und mit einem kleinen Kippschalter die unvermeidliche Discokugel nebst buntem Strahler rhythmisch ein- und auszuschalten. Alternativ konnte ich natürlich die Örtlichkeit des Legospielens ändern, also auch am zugigen Strand, auf dem kleinen Balkon oder in Kombination mit der neuesten Scheibe von Adriano Celentano in der Disco neben, unter oder auf dem Flipper, mit und ohne Discokugelbeleuchtung. Nur Rennradfahren, das konnte ich eben nicht.

Ich spüre förmlich, wie Sie sich nun fragen: »Aber warum denn nicht!? Fahr doch einfach mit, du Depp!« Nur leider war das eben nicht so einfach. Denn es handelte sich ja, wie gesagt, um ein Trainingslager für Rennradfahrer. Die fuhren nicht im Tempo eines kleinen Jungen bis in die nächste Ortschaft auf ein Eis, sondern täglich oft über Hunderte Kilometer weit, bevorzugt durch das Hinterland und dort die irrsinnigsten Berge hinauf und hinunter. Dieses Trainingslager begann nicht bei Leistungsstufe null, sondern irgendwo bei tausend, und der Sinn des Ganzen war, bei der Rückkehr ins noch kältere Deutschland Stufe tausendmillionen erreicht zu haben!

Natürlich gab es auch leichte und ganz leichte Touren, zum Beispiel für die älteren Semester oder auch für die (zumeist) Frauen der Rennfahrer, die ihre (zumeist) recht ausladenden Hüften ab und zu über einen Sattel stülpten, um gemütlich die Küstenstraße entlangzurollen. Doch ich hatte nun wirklich überhaupt gar keinen Bock, mit irgendwelchen mir völlig unbekannten, potenziell backenkneifenden Matronen im Pulk herumzuradeln! Am Ende wollten die vielleicht sogar mit mir reden, um Gottes willen! Es war schon beim gemeinsamen Essen schlimm genug, wenn laufend irgendwer an unseren Tisch kam und fragte, ob »der Bub denn nicht auch mal radlfahren mag?« und ob »der Bub nicht bald einmal seinen Vater stolz macht?« oder ob »der Bub wirklich so total aus der Art geschlagen ist?« und ob »der Bub vielleicht ein Legosportler werden will?«.

Doch damit nicht genug, Werner Krappweis war ja in seinem Verein auch noch der Jugendtrainer! Diese Schmach! Alle anderen Kinder und Jugendlichen sausten mit ihm durch die Pampa, und sein Junge hockte im Fahrradlager und spielte unter dem Flipper mit Lego!

Das traurige Seufzen meines Vaters klingelt mir noch in den Ohren und seine enttäuschten Blicke brennen mir bis heute Löcher in den Hinterkopf, denn er dachte sich jahraus, jahrein exakt das Gleiche wie alle anderen im Hotel auch! Dafür dachte ich mir nur: »Meine Fresse, lasst mich doch alle in Ruhe mit eurem Radlscheiß, ich will doch einfach nur nach Hause! Hause! Hause!« (Die Wiederholungen sind kein Druckfehler, sondern stellen das einsam-verzweifelte Echo in meinem Kopf dar.)

Ich kann mir wirklich sehr gut vorstellen, wie niederschmetternd es für meinen Vater gewesen sein muss, dass ausgerechnet sein Spross das Fahrrad nur dafür verwendete, um von A nach B und wieder zurück nach A zu kommen, ohne sich genüsslich schwitzend durch den gesamten Rest des Alphabets gekämpft zu haben.

Falls Sie nun denken, mein Vater hätte damals einfach aufgegeben, liegen Sie völlig falsch. Oh nein, nicht mein Vater, Rennradfahrer, vielfacher Bayerischer Meister und zweifacher Deutscher Meister Werner Krappweis. Tief in seinem Herzen denkt mein Vater garantiert immer noch, dass ich demnächst auf den Geschmack komme. Denn alles andere ist für ihn vollkommen undenkbar. Wo es doch so schön ist und so rasend viel Spaß macht. Allen. Immer.

Ich war etwa acht Jahre alt, und wieder mal waren wir in Igea Marina gestrandet. Inzwischen hatte ich immerhin einen weiteren Zeitvertreib außer Lesen und Legobauen für mich entdeckt, und zwar das Schreiben. Ich hatte nämlich auf der Schreibmaschine meiner Mutter mein erstes Theaterstück getippt und war ganz begeistert davon gewesen, dass man nun sogar lesen konnte, was ich geschrieben hatte! Das war bislang leider kaum möglich gewesen, weil mein Schriftbild aussah wie eine Mischung aus Hasenköttel und Fliegendreck, den man zwischen zwei Blättern Löschpapier zerdrückt und dann verschmiert hatte. Aber mit der alten mechanischen *Olympia* war alles plötzlich ganz wunderbar lesbar: Die Buchstaben sahen immer gleich aus, und sie waren hübsch nacheinander auf einer Linie aneinandergereiht – etwas, das mir bis heute mit der Hand nicht so recht gelingen mag. Die Erfindung von Notebook und Smartphone war meine Rettung, und falls es in meiner Lebenszeit zu einem apokalyptischen Endzeitszenario kommt, bei dem alle Elektrizität vom Erdball verschwindet, bin ich gezwungen, mir mit bunten Magnetbuchstaben zu behelfen, denn ich glaube, außer meiner Signatur kann ich nichts mehr mit der Hand schreiben. Und die sieht aus, als hätte sie ein Arzt im Drogenrausch auf dem Kopf stehend aufs Papier gehustet.

So saß ich also die ganzen Tage und Teile der Nacht im Hotelzimmer oder auf dem kleinen Balkon und tippte vor mich hin. Ich weiß gar nicht mehr so genau, was ich damals geschrieben habe, aber es sollte eine Gruselgeschichte werden.

Leider ist das Manuskript verloren gegangen, und vielleicht ist das gar nicht mal so schlimm, denn ich erinnere mich ziemlich genau, dass ich gar keine Grundidee gehabt und stattdessen einfach losgetippt hatte. Zu Anfangs fanden sich meine Protagonisten in einem verlassenen Haus mit blutverschmierten Wänden wieder, und es war dauernd von irgendeinem Rätsel die Rede, das ich am Ende leider gar nicht auflösen konnte, weil ich ja auch nicht mehr wusste als meine Hauptfiguren. Stattdessen erfand ich immer mehr grausige Schockmomente und Wendungen, die nach zwei Wochen Getippe dann hinten und vorn keinen Sinn mehr ergaben.

Ich hatte keine Ahnung, dass sich das eigentliche Grauen direkt hinter meinem über die Schreibmaschine gebeugten Rücken aus dem Boden hob, um mich am Ostersonntag hinterrücks und eiskalt zu erwischen. Oder war es eher »warm und kratzig«? Ich greife vor, also besser der Reihe nach ...

Für Kinder ist das Osterfest natürlich vor allem wegen der Eier, der Süßigkeiten und des Geschenkesuchens interessant, und ich machte da keine Ausnahme. Nur waren meine Wünsche vielleicht ein wenig spezieller als bei anderen Kindern. Gut, mit meinem Wunsch nach noch mehr Lego war ich wohl kaum alleine auf der Welt, und auch andere Kinder freuten sich über neue Bücher. Aber seit ich außer der oben genannten Schreibmaschine auch die Super-8-Kamera meines Vaters für mich entdeckt und damit bereits einen ersten Stop-Motion-Film gedreht hatte, war mein sehnlichster Wunsch tatsächlich mehr Filmmaterial!

Für diejenigen, die zu jung sind, um sich daran zu erinnern, sei kurz erklärt, dass Super-8-Film sozusagen das »Homevideo von damals« war. Bevor die elektronische Aufzeichnung auf Magnetbändern in die Haushalte einzog, filmte man tatsächlich auf Zelluloid, im Endeffekt nicht anders als im Kino, nur eben auf schmalerem Film mit weniger Lichtempfindlichkeit und geringerer Auflösung. Darum war es bei Familienfesten gang und gäbe, diese während des Filmvorgangs in das gleißend helle Licht eines 1000-Watt-Halogenstrahlers zu tauchen, der nicht nur jede Stimmung zunichte, sondern es auch unmöglich machte, dass man so etwas wie einen unbemerkten Schnappschuss oder eine authentische Situation vor die Linse bekam. Stattdessen hieß es: »Licht ist an! JETZT bitte Geschenke auspacken! Mama, geh mal weiter da rüber, du bist im Schatten, nein, andere Seite, so JETZT freuen! Zeig mal, was du da hast, andersrum. Genau. Und JETZT noch mal freuen. Nein, zu mir. Mehr ... mehr ... MEHR. Gut.« Klick, Lampe aus, Kamera weg, weiter im Fest.

Das große Problem für mich als angehenden Filmschaffenden war witzigerweise das gleiche wie heute auch: das Budget. Denn eine Rolle Film mit 15 Metern, was in etwa drei Minuten Lauflänge entsprach, kostete zwischen 15 und 25 DM! Also hatte ich als neunjähriger Bub ohne festes Einkommen gar keine andere Wahl, als mir zu jedem Fest, ob Geburtstag, Weihnachten oder eben Ostern, Filmmaterial schenken zu lassen. Schließlich wollte ich doch weiterdrehen, sobald wir endlich wieder zu Hause angekommen waren. Das kleine Set aus Lego stand immer noch in meinem Kinderzimmer, und mir war das Filmmaterial ausgegangen, bevor ich das Finale meines epischen Werks hatte drehen können. Also hatten meine Eltern die erste Filmrolle zum Entwickeln zu Kodak geschickt, wie man das damals so machte.

Und mit ein bisschen Glück würde bei unserer Rückkehr mein erster eigener Film im Briefkasten liegen.

So hoffte ich also zuallererst auf wenigstens eine weitere Filmrolle, um gleich weitermachen zu können. Oder eben Lego. Oder ein neues Buch. Oder alles drei, wuhuuu! Aufgeregt und voller freudiger Erwartung sprang ich in meine Hose, schlüpfte in Pulli und Jacke und sauste nach unten auf die Terrasse des Hotels.

Das Nestersuchen gestaltete sich in Igea Marina natürlich immer etwas speziell, da es im Umfeld des Hotels nur die betonierte Terrasse, die Straße und den Strand gab. Der einzige Ort, wo man etwas halbwegs verstecken konnte, waren die Haufen von Schirmständern und die kleinen, verschlossenen Umkleidekabinen im hinteren Bereich. Also machte ich mich sofort daran, beides akribisch abzusuchen. Offensichtlich hatten sich meine Eltern richtig viel Mühe gegeben beim Verstecken, denn ich fand erst einmal gar nichts. Allerdings fand ich auch nach zehn Minuten nichts und auch nichts nach fünfzehn. Schließlich erkletterte ich einen der Schirmständerhaufen und suchte inmitten der rauhen Stangen und schweren Bodenplatten nach irgendwelchen Anzeichen von Buntheit, die auf ein Geschenk, ein Nest oder ein Osterei hindeuten konnten.

Nichts.

Ich weiß das alles deswegen so genau, weil es von dieser Begebenheit einen Super-8-Film gibt, der gleichzeitig traurig und lustig anzuschauen ist. Traurig, weil ich suche und dabei immer verzweifelter werde. Lustig, weil ich an meinem Geschenk mehrfach einfach vorbeilaufe und es ganz offensichtlich gar nicht als ein solches erkenne …

Weil ein Rennrad für mich kein Geschenk ist.

Auch nicht, wenn ein Trikot mit der weithin sicht- und lesbaren Aufschrift »TOMMI« drüberhängt.

In dem Film sieht man klar und deutlich die ganze Zeit über ein goldenes Kinderrennrad, das an eine der Umkleidekabinen gelehnt mitten in meinem Blickfeld steht. Also nicht etwa versteckt oder hinter irgendeiner Ecke, nein, es steht einfach nur da – so, dass man es direkt sieht, wenn man nur einen Schritt aus dem Hotel auf den Strand hinunter macht. Aber ich sehe das Fahrrad nicht und auch nicht meinen eigenen, nicht ganz richtig geschriebenen Namen. Ich nehme das Ensemble nicht einmal wahr, als ich nur wenige Zentimeter entfernt daran vorbeigehe! Stattdessen suche ich zwischen den Kabinen nach etwas, das für mich wie ein Geschenk aussieht. Und das ist bei einem Rennrad nicht der Fall und bei einem Trikot mit Namen drauf erst recht nicht.

Schließlich kommt der aussagekräftigste Moment in dem kurzen Film: Ich sitze auf dem Schirmständerhaufen und lasse enttäuscht den Kopf hängen. Direkt vor mir das goldene Rennrad …. Schnitt – ich stehe neben dem Rad und meine Mutter stülpt mir das Trikot über den Kopf.

Also genauer gesagt ist eigentlich der Schnitt der aussagekräftige Moment, denn da verlor mein armer Vater die Geduld, nahm den Finger vom Auslöser der Filmkamera und wies mich mit einer seltsam melancholischen Mischung aus Lachen und Frust auf das fraglos wertvolle Präsent hin, welches ich die letzten zwanzig Minuten über so gekonnt ignoriert hatte.

Ich weiß noch, dass ich fragte, warum sie denn meinen Namen falsch geschrieben hatten. Schließlich hatten meine Eltern mir ja immer wieder erklärt, dass man »Tommy« mit Ypsilon schreibe, weil es die amerikanische Version des Namens sei, wie ihn auch mein Onkel seit seiner Kindheit als Spitznamen trug. Und nun also doch mit i? Nein, natürlich hatte sich an der eigentlichen Schreibweise meines Namens nichts geändert. Das Problem war nur: »Die hatten kein Ypsilon.«

Irritiert schaute ich meinen Vater an. »Die?«

»Na ja, die da, wo wir das Trikot haben machen lassen«, erklärte mein Vater, »die hatten kein Ypsilon zum Aufnähen. Sie haben kein Ypsilon, weil der Buchstabe in Italien nicht so gefragt ist, und drum haben sie halt ein I draufgenäht und gemeint, unser Sohn – du – soll sich nicht so anstellen. Du weißt dann schon, wer gemeint ist.«

Ich nickte. Ja, leider wusste ich sehr genau, wer gemeint war. Und ich wusste auch, was gemeint war mit alldem. Mein Vater hatte einen weiteren Versuch gestartet, mich für den Radsport zu begeistern. Und gleichzeitig drängte sich in mir ein Gedanke auf, den ich bis heute für gar nicht so abwegig halte: Mein Vater hatte eigentlich sich selbst beschenkt – mit einem Sohn, der nun endlich in seine pedalverkrümmten Fußstapfen treten würde!

Das nachfolgende Kapitel meines Vaters zeigt eindrucksvoll, warum man sich vielleicht besser für eine Sportlerkarriere im Hallen-*Malefiz* entscheiden sollte.

Diverse Defekte

Von Werner Krappweis

Zunächst muss ich zerknirscht zugeben, dass mein Sohn die Sache mit dem Ostergeschenk tatsächlich genau so beschrieben hat, wie sie ablief.

Meine Frau und ich waren uns sicher, dass Tommy vor Freude durchdrehen würde, wenn er das Rennrad entdeckte! Was denn sonst? Jubeln würde er und gleich aufsitzen und damit davonbrausen. Darum hatte ich auch die Super-8-Kamera im Anschlag und filmte mit, sobald er den Strand betreten hatte.

Wir hatten uns jedoch gehörig geirrt. Unser Sohn marschierte wirklich mehrmals an seinem Geschenk vorbei, ohne es auch nur im Geringsten zu beachten. Er hatte Ostereier, Lego, ein Micky-Maus-Heft oder sonst irgendetwas Schönes und für ihn Nützliches gesucht, nur auf keinen Fall ein Rennrad.

Es war für mich völlig unvorstellbar, und bis heute kann ich überhaupt nicht nachvollziehen, wie man so ein großartiges Geschenk nicht als ein solches erkennen kann. Aber es ist wahr, man kann es eindeutig sehen auf dem alten Film: Tommy läuft mehrfach daran vorbei. Als ihm dann seine Mutter noch das Renntrikot anziehen wollte, fing er an zu weinen, weil ihn das Wolltrikot auf der Haut so furchtbar juckte. Heute weint er nicht mehr, heute lachen wir zusammen, wenn wir den Film ansehen, und schreiben dann gemeinsam Bücher darüber. So hatte auch dieser Versuch, ihn für den Radsport zu begeistern, was Gutes.

Außerdem freute sich dann unser zweites Kind Nico genauso über dieses schöne goldene Rennrad, wie wir das eigentlich schon beim ersten Kind erwartet hatten. Doch zu Nico kommen wir später. Ich wollte auch eigentlich etwas ganz anderes erzählen, aber da es doch recht selten vorkommt, dass ich Tommy recht geben muss, wollte ich die Gelegenheit nicht verpassen.

Wenn ich so auf meine Radsportkarriere zurückblicke, erinnere ich mich natürlich vor allem an die einschneidenden Erlebnisse. Das sind zum einen die Siege, ganz klar. Andererseits kommen mir aber oft auch die Pannen, Unfälle und Stürze in den Sinn. In seltenen Fällen auch beides gleichzeitig …

So fuhr ich während einer Bayerischen Meisterschaft einmal durch ein Schlagloch, und dabei brach mir glatt das Sattelgestänge! Da man nachvollziehbarerweise nicht auf einer nackten Sattelstütze sitzen möchte, lag nun nahe, dass ich wegen Defekts aus dem Rennen aussteigen würde. Ich wollte aber auf gar keinen Fall aufgeben und fuhr die restlichen 50 Kilometer trotzdem weiter. Im Stehen.

Vor allem bei den Abfahrten muss ich ein seltsames Bild geboten haben, wenn ich auf meinem sattellosen Rennrad den Berg hinunterschoss und dabei auf der Stange saß, um meine verkrampften Beine zu entspannen. Ebenso staunten auch die anderen Rennfahrer, als ich im Endspurt ohne Sattel an ihnen vorbeizog und so tatsächlich sozusagen »aus dem Stand« zum Bayerischen Vizemeister wurde.

Weniger gut ging da ein internationales Zweier-Mannschaftsrennen auf der Münchener Zementbahn aus. Über mir, in der 45 Grad steilen Kurve, stürzte bei einer Ablösung die Schweizer Mannschaft und riss mich mit nach unten.

Als ich wieder zu Bewusstsein kam, lag ich mit einem Schädelbruch im Krankenhaus. Dort war ich vier Wochen in einem Einzelzimmer mit grünlicher Beleuchtung untergebracht, durfte nicht einmal liegen, sondern nur im Sitzen schlafen und natürlich das Bett nicht verlassen.

Zu allem Übel durfte ich auch nicht fernsehen, lesen oder irgendetwas anderes tun, was anstrengender war, als stumm gegen die milchig grünliche Wand zu starren. Besonders unangenehm war es, wenn ich auf die Toilette musste, denn auch das musste im Bett erledigt werden. Aber das Allerschlimmste für einen so aktiven Menschen wie mich waren nicht die Kopfschmerzen – die konnte man mit Tabletten mildern –, sondern das lange untätige Sitzen im Bett. Das traf nicht nur auf diesen Krankenhausaufenthalt zu, sondern auf alle. Und ich hatte in meinem Leben so einige davon ...

Zum Beispiel hatte ich mir bei einem anderen, weniger schweren Sturz das linke Knie aufgeschlagen. Da das eine normale Verletzung bei einem Radsturz ist, schenkte ich der Sache auch keine weitere Beachtung. Erst Monate später, als im Herbst die Radsportsaison zu Ende ging, erwähnte ich bei einem Arztbesuch, dass ich im Knie Schmerzen hätte und dass es immer etwas geschwollen und entzündet wirkte.

Nach einer Röntgenaufnahme stellte man fest, dass die

Kniescheibe bei dem Sturz im Sommer doch glatt in vier Teile zerbrochen war! Leider war der Knochen durch die ständige Bewegung auch bislang nicht zusammengewachsen. Also bekam ich völlig überraschend einen Krankenhaustermin für eine dringend notwendige Operation.

Einen Tag bevor ich eingewiesen wurde, nahm ich noch an einem Fitnesstraining in der Sportschule Grünwald teil. Leiterin war meine damalige Frau und staatlich geprüfte Gymnastiklehrerin Karin. Bei einer der Übungen musste man über eine Bank hechten, einen Purzelbaum machen, aufspringen und weiterlaufen. Im Gegensatz zu meinem Sohn Tommy waren dergleichen »Stunts« nie meine Spezialität. Ganz im Gegenteil: Beim Aufspringen trat ich so unglücklich an den Rand der Bodenmatte, dass ich mir den rechten Knöchel verletzte.

Da ich vor Schmerz nicht mehr auftreten konnte, fuhr ich anschließend ins nächste Krankenhaus. Dort stellte man fest, dass der Knöchel nicht nur verstaucht, sondern tatsächlich sehr kompliziert gebrochen und daher eine Operation fällig war.

Der Arzt war zugegebenermaßen arg erstaunt, als ich ihm eröffnete, dass das leider so nicht möglich sei, da ich am nächsten Tag in einem anderen Krankenhaus bereits einen Operationstermin für meine gevierteilte Kniescheibe hätte. »Und sie kommen ... woher?«, fragte er mich zur Sicherheit noch einmal. »Von einer Sportstunde«, antwortete ich wahrheitsgemäß. »Wo ich mir den Knöchel nach einem Purzelbaum gebrochen habe.« Der Arzt nickte lahm, winkte einer Schwester, und der mittlerweile stark angeschwollene Knöchel wurde vorübergehend mit einer Gipsschale geschient.

Als ich am nächsten Morgen mit den Röntgenaufnahmen von meinem geschienten Knöchel zum OP-Termin für mein Knie erschien, lobte mich mein operierender Arzt: Nun könnte man beide Operationen mit einer Narkose erledigen. Wie schön.

Als ich aus der Narkose erwachte, lag ich tatsächlich mit zwei Gipsbeinen im Bett. Der linke Gips reichte vom Knöchel bis ganz oben und stellte mein Knie ruhig, der rechte führte von den Zehen bis zum Knie und war für den gebrochenen Knöchel zuständig.

Neben mir auf dem Nachtkästchen lagen in einer Schale drei Knochenteile: Dies waren die Teile der Kniescheibe, die man mir herausoperiert hatte. Das größte, vierte Teil hatte der Arzt abgerundet und als Kniescheibe wieder notdürftig eingesetzt. Als ich ihn fragte, ob ich die drei Teile haben könnte, um mir daraus für meine Trachtenjacke Hirschhornknöpfe machen zu lassen, musste er herzlich lachen. Noch Jahre später, wenn ich zu ihm zur Behandlung kam, fragte er mich immer wieder, ob ich noch die Jacke mit den Kniescheibenknöpfen besitzen würde.

Nachdem ich in der ersten Nacht durch die Operationswunden in den beiden eingegipsten Beinen grausige Schmerzen hatte und nicht schlafen konnte, lieh ich mir von meinem Bettnachbarn die Krücken aus. Dieses Krankenhaus war mir nämlich schon bekannt von anderen Aufenthalten, und so wusste ich ganz genau, dass es im Keller einen Aufenthaltsraum gab, in dem ein Fernseher stand.

Also versuchte ich, mit den etwas zu kurzen Krücken über die ausgetretene Holztreppe in den Keller zu humpeln. Bereits auf der zweiten Stufe rutschte ich aus, verlor den Halt und polterte doch glatt die gesamte Holztreppe hinunter. Unten schlug ich mitsamt meiner zwei eingegipsten Beine und der beiden Krücken lautstark poltern auf und blieb erst einmal ein paar Minuten liegen.

Durch den Höllenlärm war natürlich sofort die Nachtschwester alarmiert, und als sie endlich herausgefunden hatte, woher der Lärm gekommen war, stand ihr Mund erstaunlich lang erstaunlich weit offen. Ich winkte so fröhlich wie möglich aus dem Keller nach oben, konnte aber nicht verhindern, dass sie mir ebenso wie der Arzt am nächsten Tag eine Standpauke hielt, die sich gewaschen hatte. Trotzig entgegnete ich beide Male, dass mir so wenigstens nicht langweilig gewesen sei. So richtig glauben wollte ich mir diese Ausrede aber selber nicht. Dazu hatte ich tatsächlich zu große Schmerzen.

Würde ich von all meinen Verletzungen, von den weiteren sechzehn gebrochenen Rippen, den dreimal gebrochenen Daumen, von den unzähligen Sehnen- und Muskelrissen erzählen, es würde den Rahmen des Buches sprengen und wäre auch nicht besonders unterhaltsam. Stattdessen lasse ich lieber wieder meinen Sohn Tommy zu Wort kommen, der sich nun über ein weiteres Stück Sporterfahrung ereifern möchte, das mir allerdings auch nie besonders lag: Fußball.

Der Ballspieltyp

Von Tommy Krappweis

Ich kann keine Ballspiele spielen. Was heißt »nicht spielen«, ich kann sie nicht einmal in etwa so ausführen wie gedacht oder anderen länger bei der Ausführung zusehen. Ich mag Ballspiele nicht.

Und diese Aversion beschränkt sich nicht auf Fuß-, Hand- oder Softbälle, oh nein! Ich kann auch kein Tennis, Tischtennis, Bowling, Kegeln oder Schussern. Das einzige Runde, das ich gut bedienen kann, ist ein in seiner Aufhängung fixierter Globus. Ich würde sogar so weit gehen und hiermit zugeben, dass ich als Kind regelrecht Angst hatte vor Bällen. Natürlich spielte da auch zunehmend die Versagensangst eine Rolle und wurde wohl letztendlich zu einer handfesten selbsterfüllenden Prophezeiung.

Ich kann mich an einen ganz frühen Moment in der Grundschule erinnern, bei dem alle lachten, weil ich im Tor stand und dem Ball nicht entgegengehechtet, sondern ihm ausgewichen war. Das war nun mal meine natürliche Reaktion gegenüber Bällen, und ich bekam sie auch in den nächsten Jahren nicht unter Kontrolle – es wurde eher schlimmer.

Nun ist München ja so was wie die Fußballhauptstadt und, egal wohin ich komme auf dem Erdenrund, sobald ich meine

Heimatstadt erwähne, werde ich gelöchert mit Fragen über Fußball, auf die ich keine Antwort habe. Schon die einfachste Frage nach meinem Lieblingsverein kann ich nicht beantworten. Ich habe keinen Lieblingsverein. Der einzige Fußballverein, den ich gut finde, ist der FC Gnampfkuchen. Warum? Weil er nicht existiert. Ich mag Fußballvereine, die es nicht gibt.

Mein Freund David Gromer erzählt bis heute hohnlachend von dem Moment, als ich ihn anrief, um einen gemeinsamen Kinoabend vorzuschlagen. Entgeistert antwortete David: »Tommy! Heut ist Endspiel!«, und ich entgegnete: »Endspiel von was?«

Ja, ich hatte es tatsächlich geschafft, die Fußballweltmeisterschaft so vollkommen zu ignorieren, dass mir auch entgangen war, dass Deutschland im Endspiel war und sich das gesamte Land in genau 24,3 Minuten vor der Live-Übertragung zusammenrotten würde. Dass der Begriff *Public Viewing* im Englischen eigentlich »öffentliche Leichenschau« bedeutet und nur im Deutschen für das gemeinsame Fernseherlebnis eingedenglischt wurde, ist für mich kein Widerspruch, sondern eine Bestätigung für die traurige Ödnis, die sich in mir breitmacht, wenn ich diesem Sport länger als ein paar Sekunden zusehen muss.

Vor ein paar Jahren komponierten wir sogar ein Fußball-Hasslied für unsere deprimierte TV-Kultfigur Bernd das Brot. Es geriet aber so knallhart, dass es bis heute kaum gesendet wird. Textprobe gefällig?

Fußball macht die Birne weich
und dafür dicke Klopse reich.
Ist dein Gehirnumfang gering,
dann ist dieser Sport dein Ding.
Bist du sportlich, aber doof,
geh zum Bolzen in den Hof.
Fußball ist der letzte Grind –
ich sag dir noch mal, wie ich's find …

Warst du in Sport noch nie ein Ass,
wird auch aus dir beim Fußball was:
Werd doch einer von den vielen,
die Fußball vor der Glotze spielen.
Schrei laut rum und brülle sehr
und mach viele Flaschen leer.
Fußball ist der letzte Grind –
ich sag dir noch mal, wie ich's find …

Ja, wenn ich das jetzt so ohne Musik und Bernds ironisches Timbre einfach lese, ist uns der Text damals wirklich zu bösartig geraten. Natürlich unterstelle ich nicht jedem Kind auf dem Bolzplatz mangelnden Intellekt, nur weil es Spaß am Ballspielen hat.

Aber um ganz ehrlich zu sein, wenn ich mich an meine Kindheit und Jugend erinnere, war da schon eine Menge Wut und Frust auf »die Fußballer« dabei. Es war nämlich gar nicht möglich, dem Fußball zu entkommen.

In meiner Erinnerung wurde in jeder Schulstunde ab der fünften Klasse Fußball gespielt, und sobald die Lehrer mal etwas anderes ansagten, ernteten sie kehliges Gestöhne und wütendes Gemurmel. Der Einzige, der sich freute, wenn mal ausnahmsweise Geräteturnen stattfand, war der Krappweis Tommy. Denn das konnte er!

Leider war ich der Einzige, alle anderen hassten Barren, Reck und Co. mindestens genauso sehr wie ich den ganzen Ballspielmist. Und mit jedem meiner federleicht und fehlerfrei ausgeführten Felgaufschwünge stieg auch ihr Hass auf mich um ein paar entscheidende Prozent. Der wurde dann beim nächsten Fußballmatch in die Schusshärte Richtung Tor kanalisiert – denn genau dort stand der Typ, der letzte Woche noch so breit gegrinst hatte, als sie alle zwischen den Barrenholmen gehangen hatten wie die vollgekackten Strümpfe.

Eine Frage, die mich schon lange beschäftigt: Warum stellt man eigentlich die Leute, die am wenigsten Fußball spielen können, ausgerechnet ins Tor? Dort richten sie doch deutlich mehr Schaden an als irgendwo sonst auf dem Feld, oder nicht?

Ich vermute mal, das liegt daran, dass alle anderen einfach so wahnsinnig gerne dumm auf dem Rasen hin und her laufen. Keiner von denen hätte Bock, sich ins Tor zu stellen und dabei zuzuschauen, wie der Rest den Spaß seines Lebens hat, nur um dann ab und zu einen Ball zu fangen, anstatt ihn zu treten.

Nun möchte man meinen, es sei für den Spielverlauf im Sinne eines erfolgreichen Ausgangs nicht wirklich ratsam, ausgerechnet den Typen ins Tor zu stellen, der bei herannahenden Bällen immer in die entgegengesetzte Ecke springt. Aber der Vorteil daran ist, dass man danach wenigstens jemanden hat, an dem man den gesamten Frust ablassen kann, wenn die Mannschaft auf dem Feld versagt hat. Ebenso ungerecht wie praktisch.

Meine wahnwitzigste Erinnerung an Schulfußball aber hallt bis heute nach wie Donnergrollen. Und das ist insofern passend, weil es um die kanonenkugelartigen Schüsse vom Hartlmaier geht. Der Vorname vom Hartlmaier war Christian, aber da wir in der Klasse gefühlt mehr Christians als Schüler hatten, waren für die Identifikation von Einzelpersonen dann doch die Nachnamen sinnstiftender.

Wenn der Hartlmaier in den Ballbesitz gelangte, warfen sich auch die hartgesottensten Fußballhelden sofort zu Boden und legten schützend die Hände über den Hinterkopf. Mir gefror dafür jedes Mal das Blut in den Adern zu Venensmoothie: Denn der Hartlmaier war tatsächlich in der Lage, den Ball von beliebiger Stelle auf dem Feld aus vermittels eines einzigen Brauereigaultritts direkt ins Tor zu befördern!

Ich habe selten erlebt, dass er daneben getroffen hat, und ein paar Mal traf er auch mich – und das, obwohl ich mich in der hintersten Ecke des Tors zu einem kleinen Rollmops zusammengekauert hatte. Ich konnte nicht umhin, ihn insgeheim für diese Superheldenfähigkeit zu bewundern ... und das frustrierte mich dann natürlich noch ein Quentchen mehr.

Natürlich entsprach das nicht unbedingt der Vorstellung von leichtfüßig-friedfertigem Mannschaftssport, den unser Sportlehrer Herr Haffke im Sinne hatte. Außerdem waren die Verletzungen, die der Hartlmaier jedem zufügte, der seiner Ballbombe im Weg war, nicht unerheblich. Das Schlimmste, was er damit jemals an Verletzungen herbeischoss, war eine klaffende Wunde über dem Ohr vom Christian Magnus, die anschließend genäht werden musste. Der Getroffene blutete wie ein abgestochenes Schwein den gesamten Weg aus der Sporthalle durch die Gänge bis in den kleinen Sanitätsraum voll, und noch Wochen danach waren die Spuren der Passion Magni deutlich auf dem gummierten Boden ablesbar.

Also ermahnte Herr Haffke den Hartlmaier ein ums andere Mal, er möge doch bitte den Weg gemeinsam mit dem Ball vorzugsweise dribbelnd zurücklegen.

Das war Bomberman aber zu blöd, zu uneffizient und vor allem nicht schmerzinduzierend genug, also fasste er zusammen mit anderen ihm ergebenen Christians einen perfiden Plan: Ein Christian lenkte Herrn Haffke ab, und in dem Moment führte der Hartlmaier dann seinen Schuss aus. Bevor der Sportlehrer auf die erschrockenen Rufe reagiert und sich umgedreht hatte, war der Ball bereits irgendwo eingeschlagen. Der Hartlmaier hatte inzwischen eine betont unbeteiligte Pose eingenommen, indem er ein fröhliches Liedchen pfeifend mit dem noch schussheißen Turnschuh unschuldige Kreise in den Bodenbelag schmolz.

Das funktionierte mehrmals erschreckend gut und tat mir zweimal ganz schön weh. Beim ersten Mal direkt durch den Kontakt von Ball mit Brustkorb, und beim zweiten Mal prallte beim Versuch meinerseits, den Kopf aus der Schusslinie zu reißen, selbiger lautstark gegen die linke Torlatte. Das brachte mir eine geschwollene Backe und darauf eine bläuliche Verfärbung ein, die bei den anderen für große Unterhaltung sorgte. Egal, ob es sich um Spieler »meiner« Mannschaft oder die des Gegners handelte; wenn der Fußballdepp mal wieder seine Unfähigkeit zur Schau stellte, vereinten sich alle Anwesenden und mutierten zu einem einzigen, gigantischen, hohnlachenden Zeigefinger. Ich hatte Schmerzen, war wütend, frustriert, beschämt und sah blöd aus. Volle Punktzahl.

Die anderen Spieler nützten die planbare Unaufmerksamkeit des Lehrers außerdem weidlich für ebenso zahlreiche wie unverhohlene Foul-Attacken, die gar nicht darauf ausgelegt waren, wie ein Versehen zu wirken. So krachte, brüllte, schimpfte und klatschte es hinter Herrn Haffke jedes Mal erstaunlich polyphon, wenn er den Fehler gemacht hatte, sich von einem der Christians ablenken zu lassen.

Unser Sportlehrer war begreiflicherweise nicht sonderlich angetan davon, wiederholt auf so eine plumpe Nummer reingefallen zu sein, und beschloss, dass es nun an der Zeit war, der Klasse eine Lektion zu erteilen. Sofort brach sich unter meinen fußballverrückten Mitschülern die nackte Angst vor einer weiteren Geräteturnstunde Bahn. Ich konnte jedoch ein hämisches Grinsen nicht unterdrücken, was sich aufgrund der Schwellung in meinem Gesicht leider in einer schmerzhaft quasimodoiden Grimasse äußerte.

Viel Zeit hatte ich eh nicht, mich zu freuen, denn Herr Haffke eröffnete uns, dass wir nun eine neue Sportart erlernen würden. Er erklärte feierlich, in dieser Disziplin könne man nur durch Finesse und geschickten Einsatz der entsprechenden Gerätschaften gewinnen:

Hallenhockey.

Bis heute ist es für mich absolut nicht nachvollziehbar, wie man nur auf die irrwitzige Idee kommen kann, eine Horde von Jungs zu Disziplin und Sanftmut animieren zu wollen, indem man ihnen Holzschläger in die Hand drückt. Natürlich, wenn man regelkonform gewinnen wollte, war geschickter Einsatz des Schlägers gefragt. War man aber am Regelwerk nur rudimentär interessiert und wollte einfach nur gewinnen, dann bot so ein Holzprügel natürlich ungeahnte Möglichkeiten ... und mir einen Kanal für meine mühsam unterdrückte Wut.

Denn im Hantieren mit nicht ballförmigen Requisiten war ich immer schon überdurchschnittlich geschickt. Dankbar, endlich eine Waffe in der Hand zu haben, mit der ich all diejenigen bearbeiten konnte, die mir seit Jahren die Bälle in die Fresse donnerten und mir ihr typisch dumpfes »Höhöhö« als Bonus hinterherbellten, schwang ich das Ding ein paarmal prüfend durch die Luft und ergötzte mich an dem schweren, tief tönenden »Wuuusch«, das in mir augenblicklich wohlige Assoziationen mit einschlägigen Kung-Fu-Filmen weckte.

Nun war es an mir, zu höhöhöen. Bigtime ...

Fünfzehn Minuten später war die Hockeystunde vorbei und ich um einen Verweis reicher. Direkt nach dem Anpfiff war ich nämlich für alle überraschend tatsächlich in Ballbesitz geraten. Das hatte mir als Vorwand genügt, um mit dem Schläger eine Schneise durch meine Mitschüler zu schlagen – ohne Rücksicht auf Mannschaftszugehörigkeiten oder andere Marginalien.

Damals empfand ich den Verweis tatsächlich als himmelschreiende Ungerechtigkeit. Heute weiß ich: Ich wollte nur so schnell wie möglich so viel Frust wie möglich abbauen, bevor es irgendwer schaffte, mich zu stoppen. Erst als mich mehrere Christians unter sich begraben hatten, war es gelungen, meine Raserei zu unterbrechen.

In einem Hollywood-Film hätte dieser Moment dem Publikum und dem Sportlehrer mit Zeitlupe und schwellenden Chören gezeigt, dass in dem vermeintlichen Ballversager ein einzigartiges Hockeytalent schlummert, und wir hätten den Oscar gewonnen. In der Realität aber blieb alles so, wie es war, nur ein bisschen beschissener als vorher: Wir spielten ab sofort wieder Fußball, die Hockeyschläger blieben für immer fest verschlossen im Schrank, und wann immer Herr Haffke mal in die andere Richtung blickte, schmetterballte mich der Hartlmaier aus den Socken.

Trotzdem kann ich das Kapitel mit einer positiven Note abschließen, denn es gibt da eine Ballsportart, bei der sich mein Talent zur Ballvermeidung als eine wahre Gabe herausstellte: Im Judotraining spielten wir nämlich am Ende der zwei Stunden immer Völkerball! Und hier ging es nicht darum, etwas mit dem Ball zu tun, sondern selbigem unter allen Umständen auszuweichen!

Ich erinnere mich bis heute an diese Momente, wenn ich mal wieder als Einziger im Feld übrig war, rundherum alle anderen, die man längst »abgeschossen« hatte. Man jagte mich mit dem Ball hin und her, ich hörte sie rufen, fluchen und ungläubig lachen, wenn ich mich mal wieder auf den Boden geworfen oder zur Seite gerollt hatte und der Ball mich so immer und immer wieder verfehlte. Einmal kam dann der Trainer dazu, rief: »So, das reicht jetzt, Krappweis!«, und warf lachend mehrere Bälle ins Spiel, die dann natürlich alle auf mich niederprasselten. Auch ein Ballflüchter von Gottes Gnaden kann einem Dutzend gleichzeitig geworfener Bälle nicht ausweichen. Und ich erinnere mich, als wäre es erst vor ein paar Stunden passiert: Als ich am Ende keuchend aus dem Haufen Bällen auftauchte, klatschten ein paar der anderen Beifall. Nicht frenetisch, nicht alle, aber ein paar. Und es war ernst gemeint.

Höhöhö.

Blinddarmblind

Von Werner Krappweis

Mit neunzehn Jahren meldete ich mich an einem Samstag für ein Nachtkriterium am Nürnberger Großmarkt und für den Sonntag für ein Kriterium in Erlangen an. Neben der Tatsache, dass ich einfach gerne Rennen fuhr, motivierte mich noch etwas anderes: Für die beste Vereinsmannschaft in der Gesamtwertung der beiden Rennen winkte nämlich zusätzlich zu den Preisen der Einzelrennen noch ein Rennrad!

Also packte ich vier Räder auf und drei Fahrer aus meinem Verein *RV Sturmvogel* nebst Gepäck in meinen VW-Käfer. Wir waren fest entschlossen, beide Rennen zu gewinnen.

Das erste Rennen in Nürnberg ging über hundert Runden, was 60 Kilometern entsprach. Bei einem sogenannten Kriterium erhalten nach bestimmten Rundenzahlen die derzeit Führenden Wertungspunkte. Wer dann nach diversen Wertungen am Ende die meisten Punkte erspurtet hat, ist Sieger des Rennens. Sollten jedoch einer oder mehrere Fahrer das gesamte Feld überrunden, dann geht natürlich Rundengewinn vor Punktegewinn, der Überrunder hält weiterhin Platz eins, auch wenn er jetzt hinter anderen Fahrern sozusagen herfährt.

Nach vierzig oder fünfzig Runden hatte ich bereits ganz

alleine eine Überrundung geschafft und stand als Sieger so gut wie fest. Jetzt brauchte ich ja immer nur noch im Feld mitzufahren, und immer wenn ein anderer Fahrer vorne einen Ausreißversuch startete, musste ich eben in dieser Gruppe mit dabei sein, um meinen Vorsprung nicht wieder einzubüßen.

Den komischen, ziehenden Schmerz, den ich schon kurz nach dem Start in der Nierengegend verspürt hatte und der immer schlimmer wurde, versuchte ich so gut wie möglich zu ignorieren.

Allerdings wurden die Schmerzen von Runde zu Runde so erstaunlich viel schlimmer, dass ich mich bald nur noch mit Mühe auf dem Rad halten konnte. Es half nichts, ich verlor meine bereits gewonnene Umrundung wieder und fiel immer weiter zurück. Doch ich wollte mir den Erfolg auf keinen Fall von irgendwelchen störenden Körperfunktionen nehmen lassen. Das war schließlich mein Körper, und der hatte sich gefälligst meinem Willen zu beugen! Also ließ ich einen wütenden Urschrei los und trat noch einmal extrafest in die Pedale …

Tatsächlich kämpfte ich mich irgendwie abermals nach vorne, obwohl ich inzwischen nur noch Schlieren sah und gar nicht sicher sein konnte, ob ich in die richtige Richtung fuhr. Schließlich stand ich als Drittplazierter schmerzgekrümmt und bleich auf dem Siegerpodest.

Ein Münchner Sanitäter, der in der Universitätsklinik in Erlangen zu dieser Zeit gerade sein Praktikum machte und mich von den Münchner Rennen her kannte, sprach mich nach der Siegerehrung an. Er konnte meinen plötzlichen Einbruch nicht verstehen.

Ich erzählte ihm von den Schmerzen und dass es mir jetzt so übel sei, dass ich nichts essen oder trinken könne, ohne mich sofort zu erbrechen. Außerdem hatte ich das Gefühl, als bekäme ich zusätzlich noch Fieber.

Zitternd tappte ich in Richtung des Hotels, das Gott sei Dank nur ein paar Meter entfernt war, und fiel sofort erschöpft ins Bett. Schüttelfrost, Fieberschübe und irrsinnige Schmerzen hielten mich die Nacht über wach. Am Morgen sah ich aus wie ein wandelnder Toter.

Ich schleppte mich hinunter in den Frühstücksraum, musste mich auf der Treppe ein paarmal ausruhen, weil ich mich kaum auf den Beinen halten konnte und die Schmerzen mich krümmten wie eine knorrige Baumwurzel. Ich erreichte schließlich das Hotelrestaurant, wo mir schon vom Geruch des Brotes übel wurde, und beichtete meinen drei Vereinskameraden mit brüchiger Stimme, dass ich unmöglich heute in Erlangen starten konnte.

Heute erscheint es mir doch ein wenig seltsam, aber damals hatte ich vollstes Verständnis, dass meine Kameraden nicht etwa Mitleid oder gar Verständnis bekundeten, sondern einfach nur maßlos enttäuscht waren. Mir wäre es ja auch nicht anders gegangen, denn nachdem wir in Nürnberg alle vier unter den ersten zehn plaziert gewesen waren, führten wir bereits in der Gesamtwertung und somit auch im Wettbewerb um das heißbegehrte Rennrad! Da jedoch für jede Mannschaft vier Fahrer an den Start gehen mussten, würden sie ohne mich nicht mehr gewertet werden ...

Jetzt fühlte ich mich noch schlechter, hatte ja kaum geschlafen, nichts gegessen, dazu offensichtlich hohes Fieber, und ich fühlte mich völlig kraftlos. Mein Körper signalisierte mir ganz klar, dass es total verrückt und dazu noch völlig sinnlos wäre zu starten. Da aber meine Kameraden so schrecklich enttäuscht waren, versprach ich ihnen, wenigstens als vierter Mann an den Start zu gehen, um so zu erreichen, dass wir als Mannschaft gewertet würden. Nach ein paar Runden würde ich dann aber aussteigen und das Ganze für mich klammheimlich beenden.

Irgendwie schaffte ich es in mein Trikot und zurück ins Auto. An die Zeit bis zum Start des Erlanger Rennens kann ich mich nicht mehr erinnern. Kaum aber hatte ich den Startschuss vernommen, übernahmen Adrenalin und Kampfgeist wieder die Herrschaft über meinen Körper.

Alle Schmerzen und das Fieber waren ausgeblendet, vielleicht sorgte Letzteres ja sogar für aufgewärmte, bewegliche Muskeln, ich weiß es nicht. Schon fuhr ich wieder in der Spitzengruppe mit, gewann die erste Punktewertung und war nach den ersten zehn Runden bereits wieder Führender im Rennen.

Auch in der zweiten Wertung konnte ich wieder die volle Punktzahl erspurten. Ich war entschlossen, glücklich, fokussiert und ... plötzlich geriet direkt vor mir in einer Kurve ein Kirchturm ins Wanken und fiel um.

...

Ich schlug die Augen auf, und das Erste, was ich dachte, war »Grün«. Ich war also in der Wiese gelandet und hatte nur wenige Sekunden verloren, sehr gut! Sofort wollte ich aufspringen, um wieder mein Rad zu besteigen und weiterzufahren! Ich führte! Noch konnte ich gewinnen! Das Rennrad! D...

Doch irgendjemand hielt mich sehr bestimmt an den Schultern zurück und zwang mich so, ruhig liegen zu bleiben. Es dauerte eine ganze Weile, bis mein Kopf einigermaßen klar wurde und ich in der Lage war, meine Umgebung zu deuten. Ich lag in einem grünlich gestrichenen Raum im Bett, und der Raum befand sich im Erlanger Krankenhaus.

Die Stimme der Krankenschwester ermahnte mich, ich solle mich möglichst nicht bewegen, da ich soeben operiert worden war: Blinddarmdurchbruch. Der dicke Pflasterverband an meinem Unterbauch bestätigte mir das eindrucksvoll.

Am Abend bekam ich dann überraschend Besuch von dem Sanitäter, mit dem ich mich am Abend vorher unterhalten hatte. Leider weiß ich heute nicht mehr, ob sein Name Heinz oder Horst war. Auf jeden Fall erzählte er mir, dass er auch bei dem Rennen in Erlangen im Einsatz gewesen sei und wie groß sein Erstaunen war, als er mich unter den Startenden erblickt hatte.

Des Schicksals Fügung wollte es nun so, dass ausgerechnet dieser Sanitäter genau an *der* Kurve als Sanitäter stationiert war, in der ich, anstatt wie alle siebenundzwanzig Runden vorher links abzubiegen, geradeaus durch die Zuschauer über einen Randstein in eine Grünanlage gefahren war. Dort stürzte ich und blieb bewusstlos vor ihm liegen.

Sicher hätte so mancher in diesem Fall bei einem Radrennfahrer sofort an Doping gedacht. Nicht so der Sanitäter, den ich jetzt einfach Heinz nennen werde.

Heinz brachte mich mit dem Sanka umgehend in die

Uniklinik und berichtete dem Stationsarzt von unserem Gespräch vom Vortag. Aufgrund seiner Beschreibungen wurde ich dann ohne langwierige Untersuchungen umgehend operiert: mit Verdacht auf Blinddarmdurchbruch.

Vom Stationsarzt erfuhr ich später, dass es mit der Operation bereits »zwei vor zwölf« gewesen war und dass mir der Heinz durch sein schnelles und überlegtes Handeln tatsächlich das Leben gerettet hatte.

Auch dem Arzt gebührt natürlich Dank, dass er dem Sanitäter vertraute und keine Zeit verlor. Beiden verdanke ich heute, dass es mich noch gibt und ich das hier aufschreiben darf.

Als ich wieder zu Hause war, legte ich 20 DM, was ja 1960 sicher so viel wert war wie heute 100 Euro, in ein Kuvert und schickte es mit einem Bericht als Spende an das Rote Kreuz. Ein Jahr später bekam ich doch tatsächlich vom Heinz eine Postkarte, auf der er mir mitteilte, dass man aufgrund meines Berichts auf ihn aufmerksam geworden sei und man ihm nun die Bayerische Lebensrettermedaille verliehen hatte.

Lieber Heinz (oder Horst),
leider haben wir uns im Laufe der Jahre aus den Augen verloren, aber ich glaube ganz bestimmt, dass du ein hervorragender Arzt geworden bist. Solltest du zufällig dieses Buch lesen, dann melde dich bitte bei mir, ich würde mich riesig freuen.

Mein Vater geht bis elf

Von Tommy Krappweis

Das vorangegangene Kapitel ist ein typisches Beispiel für die Art und Weise, wie mein Vater mit seinem Körper umgeht. Rücksichtslos wäre noch geschmeichelt. Gerne referiert er auch heute noch über seine erfrischend simple Gewinnerformel, die ihm im Laufe der Jahre die unzähligen Preise eingebracht habe. »Du verausgabst dich, bis nix mehr geht, bis du total am Ende bist. Und dann, wenn du ganz sicher bist, dass du nicht mehr kannst ... dann stehst du auf und legst richtig los!«

Diese Formel repräsentiert den fundamentalen Unterschied in der Denkweise von Vater und Sohn Krappweis in absoluter Reinform. In den folgenden Absätzen werden Sie nun entweder über mich oder über meinen Vater den Kopf schütteln, und ich vermute, es wird einige geben, die sich fragen werden, was zum Teufel denn eigentlich mein Problem sei. Vielleicht gibt es aber auch ein paar unter Ihnen, die mich verstehen.

Ich möchte das anhand eines Beispiels erklären, und zwar mit den Reglern an den Gitarrenverstärkern der Heavy-Metal-Band *Spinal Tap*. Gitarrist Nigel Tufnel erklärte einem Reporter einmal, ihre Verstärker wären lauter als alle anderen, weil die Drehregler nicht nur bis zehn gingen, wie bei allen anderen Amps. Die Regler von *Spinal Tap* gingen nämlich bis elf! Darauf fragte der Reporter, ob man denn nicht einfach die Skala des Reglers so beschriften könne, dass die höchste Zahl keine Elf sei, sondern eine Zehn. Dies quittierte der Gitarrist nach einer etwas zu langen Überlegung mit der lapidaren Antwort: »Unsere gehen bis elf.«

Genauso sehe ich diese seltsame Regel meines Vaters. Wenn ich nicht mehr kann und sicher bin, dass nichts mehr geht, weil ich am Ende bin, dann stehen meine Regler auf Anschlag, völlig egal, was ich da irgendwann mal als höchste Zahl definiert habe. Fakt ist: Ich kann nicht mehr und bin sicher, dass nichts mehr geht, weil ich am Ende bin. Könnte ich noch, dann wäre ich eben *nicht* sicher, dass nichts mehr geht, und wäre somit auch nicht am Ende.

Natürlich habe ich meinen Vater früher immer wieder gefragt, ob er denn nicht einfach diese Grenze des »Nichtmehr-Könnens« entsprechend nach oben verschieben möge, so dass er gar nicht in die Verlegenheit käme, nach dem vermeintlichen Tiefpunkt noch mal loslegen zu müssen. Denn da er ja offensichtlich in der Lage sei, nun noch einmal voll anzugreifen, wäre doch völlig klar, dass das vermeintliche Ende seiner Leistungsfähigkeit *noch nicht* erreicht sei. Die Antwort von Werner Krappweis auf diese faktisch richtige Folgerung lautet: »Nein, weil wenn man nicht mehr kann, erst dann legt man ja noch einmal richtig los.« Das ist dann der Moment, an dem ich ein aufs andere Mal verstumme, weil ich merke, dass ich nicht durchdringe.

Allerdings bin ich mir sicher, dass es auch meinem Vater ähnlich geht, wenn er versucht, mir etwas zu erklären. Denn wie ich schon in einem anderen Buch einmal beschrieb: Hier reden zwei Menschen jeweils in ihre eigenen Universen hinein. Ohne Wurmlochverbindung. Wenn er vom Radlfahren erzählt und dass er vorne aus dem Feld hinauspresCht, während die anderen »hint' ausm Feld 'nausfalln wie die Maikäfer«, ist er nicht mehr zu stoppen. Immer schon.

Ob ich versuchte, besonders desinteressiert zu wirken, in die Küche ging oder einen Kopfhörer aufsetzte, änderte erschreckend wenig an seinem Redefluss.

Aber gut, nicht viel anders war es, wenn ich loslegte mit meinem Kram. Zwar fand mein Vater grundsätzlich gut, dass ich mich mit Filmen, Theater und Musik beschäftigte, aber das hieß nicht automatisch, dass er sich auch für das Thema interessierte. Natürlich wollte er wissen, wie es mir geht und was ich so mache. Aber dass sein Sohn aus einem *Beatles*-Song raushören konnte, ob er von John Lennon oder von Paul McCartney stammte, und woran genau das zu erkennen war, konnte Werner Krappweis auch beim achtundvierzigsten Songbeispiel nicht würdigen.

Fairerweise muss man dazu sagen, dass sich mein Vater selbst auch als furchtbar unmusikalisch einschätzt. Und ich gebe zu, dass das noch untertrieben ist. Er hat zwar eine tolle Stimme und kann sie auch gut modulieren, aber er bemerkt überhaupt nicht, wenn er zum Beispiel beim jährlichen Absingen der üblichen Weihnachtslieder von einer Tonart in die nächste rutscht oder das gesamte Lied hindurch einen quälenden Viertelton zu tief oder zu hoch singt.

Gerne erzählt er die Anekdote aus seiner Schulzeit, in der ein Musiklehrer ihn aufforderte, etwas vorzusingen, damit er ihn mit den damals üblichen Noten von eins bis fünf bewerten könne. Voll motiviert legte der kleine Werner los und sang aus vollem Halse: »Aus grau-her Städte Mau-hauern, ziehn wir durch Wald und F...«

Weiter kam er nicht, denn der Lehrer winkte beidhändig und recht eindringlich, er möge doch bitte augenblicklich das Singen einstellen.

Mein Vater gehorchte und verstummte. Der Lehrer seufzte kurz erleichtert auf und sagte dann: »Gott sei Dank hast aufg'hört, Bua. Jetz' wars noch a Vier.«

Aber den erstaunlichsten Beweis für seine bodenlose Unmusikalität lieferte mir mein Vater eines Abends vor dem Fernseher, während irgendeiner Samstagabend-Unterhaltungsshow. Interessiert hatte er der deutschen TV-Bigband zugesehen, die da auf dem Bildschirm arg weißbrotartig vor sich hin swingte. Plötzlich deutete er auf den Fernseher, als gerade der Schlagzeuger zu sehen war. »Sag einmal, woher weiß der eigentlich, wann er wo hinhauen muss?«, fragte er und ich sah ihn verwundert an. Dann versuchte ich ihm zu erklären, dass auch Schlagzeuger Noten hätten, ich die aber nicht lesen könne und mich darum drauf verlassen müsse, dass man zu einem gewissen Grad hören könne, was man zu trommeln habe, wenn man dem Musikstück lauschte. Nun war es an ihm, mich verständnislos anzustarren.

»Ich hör da nix«, meinte er dann. »Da, woher weißt du es da bei dem Stück, was die gerade spielen?«

Ich klatschte ihm vor, wo in dem Viervierteltakt die Zwei und die Vier lag, und das Gesicht meines Vaters erhellte sich. »Ach so!«, sagte er, »einfach immer dann, wenn der auch auf die weiße Trommel in der Mitte haut!«

Ich nickte: »Ja genau, weil man das hört, wenn ...« Doch mein Vater schüttelte den Kopf: »Schmarrn, wieso hören?

Das *sieht* man doch! Immer dann, wenn der haut, hau ich auch!«

Und ich schwöre, es ist wahr – mein Vater versuchte nun unter *vollständiger Ausblendung des Audioanteils* der musikalischen Darbietung, rein auf visuellen Reizen basierend, den Moment zu erklatschen, zu dem auch der Schlagzeuger im Fernsehen die *Snare Drum* bediente. Natürlich war er immer zu spät, kein einziges Mal traf er.

»Siehst, ich bin schon nah dran, man muss bloß hinschaun«, meinte er schließlich und lehnte sich zufrieden zurück.

Es erschien mir nicht zielführend, darauf hinzuweisen, dass »nah dran« in der Musik exakt das Gleiche ist wie »total falsch«. Um auf ein anderes Thema zu lenken, fragte ich ihn stattdessen, wie denn das heutige Jugendtraining verlaufen sei. Dankbar fing mein Vater sofort an zu erzählen und schaltete schon nach fünf Sätzen auf Autopilot. Ich ebenso. Auf jeden Fall kann ich gut nachvollziehen, warum der Musiklehrer den Schüler Werner Krappweis damals so vehement beim Singen unterbrochen hatte …

Im Leistungssport war Werner Krappweis ganz offensichtlich nicht zu stoppen, fuhr über viele Jahre nur Bestnoten ein und gewann einfach alles, was es zu gewinnen gab. Aus vielen Erzählungen seiner damaligen Kollegen und Freunde weiß ich, dass es Jahre gab, zu denen allein sein Erscheinen am Start für die anderen Fahrer bedeutete, dass sie heute maximal Zweiter werden konnten, da der Werner Krappweis einfach nicht zu schlagen war. Sein Name war bekannt, und nicht nur unter den Rennfahrern: Als ich mit etwa zwanzig

Jahren bei einer damals sehr populären Comedyshow mit Namen *RTL Samstag Nacht* als Comedian anfing, bekam ich immer wieder Fanpost, die zwar an mich adressiert, aber an meinen Vater gerichtet war. Gar nicht wenigen Menschen mittelalten Semesters war der ungewöhnliche Nachname aufgefallen, und sie waren neugierig, ob ich denn eventuell »mit dem Rennradfahrer Krappweis« verwandt sei, »der damals so unglaublich viel gewonnen hat«. Ich gab die Post immer gerne an meinen Vater weiter, der sich natürlich sehr darüber freute.

Im Zusammenhang mit der Comedyshow ist mir übrigens etwas aufgefallen: Es gibt ja Kollegen von damals, die mir sofort attestieren würden, dass meine Regler während der Zeit bei *RTL Samstag Nacht* auch immer recht weit aufgedreht waren. Tatsächlich war ich Sklave meines eigenen unbändigen Schaffensdrangs und selbst nicht in der Lage, mir Einhalt zu gebieten. Wenn ich nicht im Studio war, überlegte ich mir zu Hause neue Nummern, drehte, schnitt und vertonte sie selbst und brachte sie dann zur Aufzeichnung mit. In gewisser Weise ist das heute noch so, ich kann kaum einen Tag beenden, ohne nicht wenigstens irgendeine kreative Kleinigkeit getan zu haben. Dann brauch ich den schnellen Fix, ein originelles Foto auf *Facebook,* einen Spruch auf *Twitter,* eine Buchidee, einen Song – irgendwas muss ich absondern, sonst geht es mir schlecht. Und am besten geht es mir, wenn ich irgendetwas Kreatives geschaffen habe, das nur deswegen möglich war, weil ich vorher keinen Gedanken an dessen Unmöglichkeit verschwendet hatte! Dann bin ich für ein paar Stunden zufrieden ... bis es wieder juckt im Gehirn.

Und bei meinem Vater ist das nicht anders, allerdings sondert er etwas ganz anderes ab. Einmal pro Tag muss Werner Krappweis etwas Schweißtreibendes tun, sein Herz einmal bis Warp 10 hochjagen und sich plagen, bis an der Schmerzgrenze der Schlagbaum splittert. Tut er das nicht, geht es ihm regelrecht beschissen.

Also könnte man sagen, wir haben tatsächlich etwas gemeinsam: Wir müssen beide immer mal wieder unsere Regler bis zum Anschlag aufdrehen und an wolkenlosen Tagen sehen wir beide die Zwölf ...

Der blutige Radfahrer

Von Werner Krappweis

Nach meiner Blinddarmoperation wurde mir die Zeit im Krankenhaus schnell sehr, sehr lang. Nichts außer rumliegen, essen und Visite – zum Wahnsinnigwerden langweilig. Zwei Wochen später fuhren meine Vereinskameraden ein Rennen in Schweinfurt und besuchten mich am späten Nachmittag auf dem Rückweg in Erlangen in der Klinik. Da bei mir die Fäden bereits gezogen waren und ich auch schon aufstehen durfte, nützte ich die Gelegenheit: Ich packte meine Sachen und fuhr mit meinen Freunden zurück nach München. Obwohl ich, ohne jemandem Bescheid gesagt zu haben, einfach abgehauen war, habe ich von der Klinik nie mehr etwas gehört.

Etwa vier Wochen nach meiner Blinddarmoperation hatte mich mein Hausarzt schließlich wieder für gesund erklärt. Nun wollte ich das letzte Wochenende noch zu einer ausgiebigen Runde mit dem Rennrad nutzen. Ich wusste ja, wenn man nach einer längeren Pause eine richtig schwere Trainingsrunde fährt, kommt man schneller wieder in Höchstform. Und genau das war natürlich mein erklärtes Ziel.

Ich hatte mir also vorgenommen, am Samstag mit dem Auto von München nach Melleck bis an die österreichische Grenze zu fahren. Von dort wollte ich über den Großglockner bis Heiligenblut radeln und dort übernachten, um am nächsten Tag weiter bis Mallnitz zu fahren. Dann würde ich den Zug durch den Tauerntunnel nach Böckstein besteigen und mit dem Rad über Saalfelden wieder zurück zum Auto nach Mellneck fahren – alles in allem etwa 200 bergige Kilometer und genau richtig für einen erfrischend harten Trainingsstart.

Ich fand einen guten Parkplatz für das Auto, das Wetter war angenehm lau, und ich wollte gerade losfahren, als schon die ersten Regentropfen vom Himmel fielen. Ich blickte in den Himmel hinauf und sah über dem weit über mir liegenden Bergkamm dunkle Wolken stehen. Ob diese aber in meine Richtung zogen oder ganz woanders hin, war noch nicht abzusehen. Da ich generell überhaupt kein Problem mit Regen habe, ihn im Gegenteil sogar oft als recht erfrischend empfinde, verlor ich keine Zeit und fuhr einfach los.

Als ich aber die Großglockner Hochalpenstraße in Angriff nahm, wurden die Wolken immer dunkler, je weiter ich hochradelte. Und was soll ich sagen, nach einer weiteren Stunde fand ich mich inmitten eines gewaltigen Wolkenbruchs wieder, der mir fast vollständig die Sicht nahm. Bald schon schoss das Wasser in Bächen über die Straße, dazu blitzte und donnerte es gewaltig.

Ich muss zugeben, dass mich die beeindruckenden Naturgewalten immer schon fasziniert haben, und eine gewisse Zeit lang genoss ich dieses Ankämpfen gegen die wütende Witterung sogar.

Nach einer Dreiviertelstunde im Zentrum des monströsen

Gewitters hatte ich aber dann doch genug. Ich war nass bis auf die Haut, inzwischen war es natürlich auch noch sehr kalt geworden, und ich hatte begonnen zu frieren.

Da erkannte ich durch den Regen ein Gebäude mit beleuchteter Schrift, und zu meiner großen Freude handelte es sich um ein Berghotel. Glücklich schob ich mein Fahrrad unter ein Vordach, sperrte es ab und betrat die angenehm warme und ansprechend gestaltete Lobby.

Ich wusste zwar, dass ich nass und auch ziemlich schmutzig daherkam, aber trotzdem war ich von der Reaktion der jungen Frau an der Rezeption erstaunt. Sie starrte mich an, als stünde ein Geist vor ihr.

Ich wollte mich gerade entschuldigen und ihr erklären, dass ich mit dem Rad unterwegs war und das Gewitter mich überrascht hatte, als die Rezeptionistin auch noch stumm ihren Arm ausstreckte und mit dem Finger auf mich deutete. Dabei zitterte sie ganz fürchterlich, ihr Atem wurde immer schneller, und plötzlich schlug sie sich auch noch die andere Hand vor den Mund, ganz so, als müsse sie sich jeden Moment übergeben.

Ich sah sie nur völlig verdattert an, denn so eine Reaktion hatte ich noch nie bei jemandem ausgelöst. Dann erst folgte ich ihrem Fingerzeig und entdeckte, was aller Wahrscheinlichkeit nach ihr Problem war:

Auf meinem weißen, völlig durchnässten Radtrikot prangte ein riesengroßer Blutfleck mit tiefdunklem Zentrum und weit auslaufenden Rändern, der meine gesamte Bauchgegend bedeckte.

Anscheinend war durch die Anstrengung die Blinddarmwunde aufgeplatzt, und es war eine recht ansehnliche Menge

Blut ausgetreten. Zusätzlich verdünnt durch das Regenwasser, hatte sich nun ein riesiger, schillernder Blutfleck gebildet. Anscheinend hatte die Blutung irgendwann von selbst gestoppt, ich hatte aber von alldem nichts mitbekommen. Natürlich war der Effekt ziemlich beeindruckend, und die Rezeptionistin musste zwangläufig annehmen, dass ich entweder in einen furchtbaren Unfall oder eine Messerattacke verwickelt worden war und nun bei ihr um Hilfe suchte.

Da ich aber offensichtlich keinerlei Ausfallerscheinungen hatte und nach wie vor ganz ruhig und entspannt mit ihr sprechen konnte, ließ sich das Missverständnis schnell aufklären. Trotzdem blieb ich der jungen Frau irgendwie mysteriös. Mehrmals fragte sie, warum ich denn so kurz nach einer derartig schwerwiegenden Operation eine solch fordernde Radtour in Angriff genommen hatte. Und ob ich wirklich nicht gemerkt hätte, dass meine Narbe wieder aufgeplatzt sei. Und wieso man eigentlich auf die Idee käme, bei einem Unwetter wie diesem überhaupt loszufahren.

Ich beantwortete ihr all das bereitwillig immer und immer wieder, aber so richtig zufriedenstellen konnte ich sie damit nicht.

Schließlich bekam ich nicht nur ein Zimmer, sondern es wurde mir freundlicherweise auch ein Nachthemd geliehen, während man versuchte, über Nacht mein Trikot zu reinigen.

Da ich nun außer dem Nachthemd nichts zum Anziehen hatte, wurde mir sogar das Abendessen auf das Zimmer gebracht. Auch diese Gelegenheit nützte die junge Frau von der Rezeption, um mich ein weiteres Mal zu fragen, was ich mir eigentlich bei all dem gedacht hätte. Abermals antwortete ich, dass ich einfach Freude am Radfahren hätte und dass mir

Wetter im Allgemeinen kaum etwas ausmache, ich es ganz im Gegenteil meistens sogar genießen würde. Kopfschüttelnd verließ sie das Zimmer.

Am nächsten Morgen präsentierte mir die gleiche junge Dame nicht nur meine frisch gereinigten Klamotten, sondern auch noch eine Kompresse und einen Verband für meine Wunde. Ich war sehr dankbar und ertrug dafür gerne die gefühlt zehnte Nachfrage, ob ich denn nicht vielleicht beim nächsten Mal etwas vorsichtiger sein wolle? Ich entgegnete, dass ich nicht vorhatte, mich noch einmal am Blinddarm operieren zu lassen, zumal man ja auch gemeinhin nur einen einzigen davon zur Verfügung habe. Würde man mir aber irgendetwas anderes herausnehmen, setzte ich hinzu, würde ich alles genauso noch einmal machen, und sehr gerne wieder am Großglockner und bei Gewitter, denn nun wüsste ich ja, wo ich im Bedarfsfall unterkommen könnte. Natürlich hatte ich das alles nicht ganz ernst gemeint, aber leider verfehlte mein Witz die erwünschte auflockernde Wirkung. Die Frau sah mich nur entrüstet an, drückte mir stumm ein Päckchen Ersatzkompressen in die Hand und ließ mich dann kopfschüttelnd vor dem Hotel stehen.

So radelte ich bei strahlendem Sonnenschein, mit frisch gewaschenen Klamotten und einem frischen Verband um den Bauch die letzten schweren Kilometer bis zur Passhöhe hinauf und machte dann sogar noch einen Abstecher bis zur Edelweißspitze, um dort die herrliche Aussicht zu genießen.

Auf dem Gipfel angekommen, blickte ich glücklich in die Ferne und stellte zufrieden fest, dass es eben doch noch nette und hilfsbereite Menschen auf der Welt gibt! Trotz allem

Unverständnis hatte man mir bereitwillig geholfen, extra nachts für mich gewaschen und sogar Verbandszeug bereitgestellt. Ein schönes Gefühl.

Wenn ich heute so drüber nachdenke, fällt mir auf, dass sich die Rezeptionistin ein bisschen wie mein Sohn Tommy verhielt, wenn ich versuche, ihm zu erklären, wo der Spaß im Leistungssport liegt und was es für ein Hochgefühl sein kann, körperliche oder anderweitige Hürden zu meistern. Für diese Frau war ich ein völlig durchgedrehter Irrer, der in seinem Sportlerwahn weder auf seinen Körper noch auf seine Umwelt hörte. Ja, je länger ich nun drüber nachdenke, desto mehr klingt sie wie mein Sohn. Vielleicht sollte ich versuchen, herauszufinden, in welchem Hotel ich damals war, und den Leuten dort ein gewidmetes Exemplar dieses Buches zuschicken.

Wer weiß, vielleicht arbeitet die Dame ja heute noch dort und erinnert sich an den blutverschmierten Radfahrer von 1964 ...

Die Kinderkarawane

Von Tommy Krappweis

Natürlich wurde auch ich von klein auf dazu genötigt, Ski zu fahren. Vielleicht hätte ich auch gar nichts dagegen gehabt, aber ich hatte wohl mal wieder einen falschen Einstieg in diese Sportart.

Ich weiß gar nicht, wo ich anfangen soll, weil mich so viele Erinnerungen bombardieren, aber ich werde mein Bestes versuchen, diese in den folgenden Kapiteln halbwegs einzuordnen.

Zunächst muss gesagt werden, dass wir grundsätzlich so früh aufstanden, dass ich mir den Aufwand mit dem Ausziehen, Zähneputzen und Hinlegen auch hätte sparen können. In aller Herrgottsfrühe trifft es nicht ansatzweise, denn der Herrgott war um diese Zeit im Tiefschlaf. Ich auch, aber nicht mehr lange. Denn mein Vater wollte ja los, um auch am Anreisetag als Allererster am Skilift zu stehen.

So tappte ich also irgendwann an der Hand meiner Mutter nach draußen und über den nächtlichen Parkplatz, um dann auf der Rückbank unseres *VW-Bullis* wieder zusammenzubrechen und augenblicklich in einen tiefen Schlaf zu fallen. Mein Vater donnerte ohne Pause durch bis nach Großarl, zur sogenannten »Skischaukel« Bad Gastein. Dort kannte er einen der Wirte und wir konnten mit unserem VW-Bus auf dessen Parkplatz campen und die sanitären Einrichtungen des Hotels mitbenutzen.

Ja, campen. Im Winter. Denn Werner Krappweis hatte, um das zu ermöglichen, ja extra eine Standheizung in das Auto eingebaut, und Hotels konnten wir uns ohnehin kaum leisten. Die von mir gebetsmühlenartig immer und immer und immer wieder angebrachte Alternative, dann doch auch gleich die Ausgaben für den Skipass einzusparen und einfach zu Hause zu bleiben, wurde anfangs als Scherz interpretiert und irgendwann nur noch mit einem Seufzer quittiert.

Schnee = Ski fahren. Ende der (imaginären) Diskussion.

Wie die gesamte weitere Inneneinrichtung des Busses war auch diese Heizung ein Eigeneinbau von Werner Krappweis, und der Temperaturregler verfügte über die Einstellmöglichkeiten eines Lichtschalters: An/Aus.

Also entweder war es in dem Bus so kalt, dass uns nachts der Atem auf dem Schlafsack gefror (und das ist kein Scherz, sondern die Wahrheit), oder man zerfloss wie Götterspeise auf einem Grillrost (das wiederum ist ein wenig übertrieben, aber nicht so arg, wie man meint).

Diese Heizung produzierte eine solch wahnwitzige Hitze, dass mein Vater uns immer und immer wieder in ernstem Ton erklärte, wir dürften nichts direkt vor den Luftauslass stellen. Unsere eigenen Gliedmaßen stellten wir schon aufgrund des jahrmillionenalten Selbsterhaltungstriebs nicht davor, denn schon nach einer halben Sekunde riss man mit einem Aufschrei die Füße zurück und kauerte sich schimpfend mit angezogenen Knien auf die Sitzbank. Aber bei Objekten wie Schuhen, Gepäck oder Spielzeug konnte es schon mal vorkommen, dass diese versehentlich vor dem Heizungsrohr landeten. Danach war die Benutzung dieser Dinge meist so maßgeblich eingeschränkt, dass sie nur noch als Briefbeschwerer taugten.

Lachend erinnert sich mein Vater bis heute an einen Radsportkollegen, der meinte, über die Heimfahrt seine neuen Skischuhe an diesem Schlund der Hölle trocknen zu können. Schon bald erfüllte der Gestank von verbranntem Plastik den Innenraum, und mein Vater hielt am Standstreifen der Autobahn an, um die Zerschmurgelung durch Wälzen im Schnee zu stoppen. Doch dazu war es längst zu spät, die Schuhe waren bereits unrettbar in sich zusammengesunken zu einem schnallenbewehrten Plastikklops und wurden an der nächsten Raststätte entsorgt.

Doch damit nicht genug. Gleichzeitig produzierte diese benzinbetriebene Heizung aus der Hölle auch noch Abgase, die es unmöglich machten, mit dem Auto an einem Ort zu stehen, der von Menschen frequentiert war. Wir mussten also immer irgendwo ganz am Rand des Parkplatzes stehen, und wenn wir die sanitären Einrichtungen des Hotels erreichen wollten, hatten wir erst noch einen Gewaltmarsch quer durch ein Meer aus geparkten Autos zu bestreiten. Sie sehen, es nervt jetzt schon, und wir sind noch keinen Meter Ski gefahren.

Um ehrlich zu sein – und man ahnt es bereits –, ich wollte auch keinen Meter Ski fahren! Zumindest nicht *so!* Nun ist dieses *so* auch abhängig von meinem Alter, denn meine Abneigung gründete sich Jahr für Jahr auf neuen Fakten. Ich hatte aber auch wirklich einen schlechten Start, und zwar auf der »Galeere der verlorenen Kinder«, von den Betreibern mit dem harmlos verniedlichenden Begriff »Zwergerlkurs – Spaß mit Schi« umschrieben. Dies war ein Skikurs für die Allerkleinsten, der vorrangig aus dem Grund existierte, damit die Kinder aufgeräumt waren und ihre Eltern in Ruhe Ski fahren konnten.

Grundsätzlich gibt es dagegen nichts zu sagen, aber im Speziellen dann eben doch so einiges. Erstens einmal fuhren wir nicht Ski, sondern liefen uns im flachen Schnee müde und hatten dabei Skier an den Füßen. Bei Ansicht der alten Super-8-Filme fand ich eine Aufnahme, die mein Vater wohl gemacht haben musste, bevor er sich mit meiner Mutter auf den Berg davonstahl. »Spaß auf Schi« sieht anders aus. Die alte Filmaufnahme inspirierte mich zu der obigen Galeerenassoziation. Nur war es bei uns kein Schiff mit einem asterixartigen Comic-Nubier an der Trommel, sondern ein umzäuntes Schneefeld und eine drahtige Skilehrerin, die unentwegt die drei Worte »Stock *und* Schub *und* Stock *und* Schub ...« rief. Hinter ihr folgten wir Skizwergerl und mühten uns nach Kräften, die Befehle irgendwie umzusetzen in eine Vorwärtsbewegung.

Auf dem Film bin ich der Kleinste und der Letzte, und am Ende fällt jemand vor mir um. Ich schaue ihn ratlos an, weil ich nicht vorbeikann, während sich alle anderen weiter entfernen. Vermutlich hätte uns der Kinderkreuzzug im Feindesland zurückgelassen, aber in dem Moment bricht die Filmaufnahme ab, und ich bin gewillt, anzunehmen, dass mein Vater beide Hände brauchte, um den Jungen vor mir eigenhändig wieder auf die »Plastikrutscherl« zu stellen.

Nun kann ich nachvollziehen, dass es sinnvoll ist, Kindern als Erstes eine gewisse Sicherheit und Grundkoordination auf den Brettern zu vermitteln. Klar sollten die erst einmal auf dem Idiotenhügel herumrutschen, bis sie sich nicht mehr dauernd mit dem linken über den rechten Ski fahren und im Sturz alles in ihrem Wendekreis mit den Stöcken perforieren.

Es sei mir trotzdem gestattet, auf die hoffnungslose Trostlosigkeit hinzuweisen, die sich in mir ausbreitet, sobald ich an diese ferne Erinnerung denke. Noch heute löst der Geruch von muffeligen Turnschuhen in mir einen geruchsinduzierten Erinnerungsflash aus, und ich denke augenblicklich an diese große beheizte Wand im Eingangsbereich der Skischule, wo wir nach unseren Feldmärschen die Schuhe aufzuhängen hatten. Dort stank es immer ganz erbärmlich nach Fußschweiß, und das, obwohl kleine Kinder im Allgemeinen kaum geruchsintensiv schwitzen. Ich weiß außerdem, dass ich die gesamte Zeit damit zubrachte, zu hoffen, die Zeit wäre bald rum und meine Eltern würden mich hier rausholen.

Eines Tages war ich freudig überrascht, als Papi und Mami deutlich früher zurück waren als gedacht. Doch meine Begeisterung legte sich augenblicklich und fiel in bislang unbekannte Minusbereiche, als ich den Grund für die verfrühte Rückkehr erfuhr: Die Skizwergerl sollten ihr erstes Abfahrtsrennen bestreiten, und meine Eltern waren hier, um meinem Erfolg beizuwohnen. Ich habe sportliche Wettkämpfe immer gehasst, und vielleicht liegt in diesem allerersten Rennen der Grundstein für diese Abneigung begraben.

Für meinen Vater hingegen stand von vornherein fest, dass ich selbstverständlich gewinnen würde, und er ließ auch gar keine Zweifel zu. Ich, der ich die letzten Tage damit zugebracht hatte, den Anschluss an die Karawane nicht zu verlieren, sollte nun in einem Rennen gewinnen? Nun gut, im

Endeffekt ging es nur darum, zwischen ein paar Pfosten geradeaus nach unten zu fahren. Sobald man oben an dem flachen Hang einmal »anschubste«, fuhr man automatisch richtig.

Also war nur die Frage, welches Kind das dickste oder das am dicksten eingepackte war und somit der Schwerkraft folgend die beste Zeit durch die Begrenzungen hindurch einfahren würde.

Ein paar Worte zu den Pfosten muss ich noch loswerden, denn ich weiß, dass mir das als Kind schon aufgefallen war und mich bis heute verwundert: Gab es damals eigentlich irgendwo ein Gesetz, das vorschrieb, dass die zu umfahrenden Pfosten in einer Kinderskischule grundsätzlich mit beschissen gemalten Disneyfiguren in verzerrten Formen und fürchterlichen Fehlfarben dekoriert sein mussten? Wo war das verdammte Problem, Schneewittchen richtig abzupausen und dann fürs Gesicht kein Lila zu verwenden? Warum musste der lachende Zwerg Dopey aussehen wie der Schrei von Edward Munch? Was hat den Künstler geritten, als er sich dazu entschied, Balu den Bären ausgerechnet in seiner selbstgebastelten Affenverkleidung mit Bananenröckchen und Kokosnussmaul abzubilden, was ohne Kontext schon verstörend genug aussieht, nur um diese Früchte dann nicht Gelb und Braun auszumalen, wie das Obstregal uns lehrt, sondern Lachsfarben und Hellblau? Es gibt dafür keinen rationellen Grund, außer der umfassenden Ignoranz aller Beteiligten und der fehlgeleiteten Annahme, dass Kinder grundsätzlich alles Bunte voll supitoll finden und demzufolge beim bloßen Anblick dieser mutierten Nachtmahre in infantile Verzückung geraten müssen. Wenn das so ist, dann bin ich auch hier mal wieder die Ausnahme, aber ich glaube, in diesem Fall bin ich nicht alleine.

Heutzutage hat dafür jede Skischule ein eigenes unfassbar mies designtes Maskottchen, das nicht nur von Abbildungen auf Flyern, Plakaten oder oben genanntem Pfostendekor heruntergreint, sondern auch in Gestalt eines lieblos zusammengetackerten Stoffgetüms als »Walking Act« herumläuft, um den Kindern etwas zu geben, was sie umwerfen können, sobald der Skilehrer wegsieht. Dabei handelt es sich entweder um ein verniedlichtes Tier, zumeist Bär, Hase oder Maus, oder um ein vermenschlichtes Objekt wie einen Schneeball, einen Ski oder den Anker eines Schlepplifts – plus Augen, Nase und verzückt lachendem Mund. (Alle diese Beispiele sind ergooglebar). Darunter steht dann auf der Homepage im Neunziger-Jahre-Look so was wie »Alle Kinder lieben unseren lustigen Flocki« oder »Jeden Freitag: Schigaudi mit Ilky, dem lustigen Schneehaserl vom Ilkerhof« oder »Kinderdisco mit Robekihore, dem lustigen Maskottchen vom Ro*tter*berger K*inderhotel* Re*ssort*«. (Namen nur unwesentlich verändert und im letzten Fall auch auf der Homepage durch Unterstrich hervorgehoben.)

Falls all das irgendwo in den alpenländischen Tourismusstatuten gesetzlich so verankert ist, würde ich hiermit gerne eine Online-Petition für die Änderung dieser Regel ins Leben rufen, sobald ich eine gute Formulierung gefunden habe, die in eine griffige Zeile passt.

Genug der unsportlichen Abschweifung, nun ging es also an mein allererstes Rennen. Meine Eltern standen links und rechts von der Bahn zwischen Nicky Maus und Donland Duck. Mein Vater hatte natürlich bereits die Super-8-Kamera gezückt, um den ersten von unzähligen Triumphen seines Sohnes für die Nachwelt zu erhalten. Ich sollte pfeilschnell an Mami vorbeirasen, die gegenüber stand – dem sicheren Sieg entgegen. Was sonst.

Für die meisten meiner Konkurrenten verlief die Abfahrt weitestgehend ereignislos. Sie wurden oben an den Start gestellt – ja, der Skilehrer hob die Rennfahrerchen tatsächlich hoch und stellte sie an die Startposition, da wir allesamt noch nicht über die nötigen Rangierfähigkeiten verfügten. Das Einzige, was wir bislang gelernt hatten, war, der Spur des Skilehrers folgend geradeaus zu schlurfen. Weder wussten wir, wie man willentlich Kurven macht, noch dass dies überhaupt möglich war. Vom Start aus bekamen die Kinder dann einen beherzten Schubs, und so fuhren sie dann nach unten, wenn sie nicht gerade mit Hinfallen beschäftigt waren.

Schließlich war ich an der Reihe. Ich wurde entsprechend positioniert, und »schubs« war ich auch schon unterwegs. Vermutlich hätte ich sogar gute Chancen gehabt zu gewinnen, und auf dem Schmalfilm kann man sehen, dass ich zwar in starker Rückenlage fuhr, aber über genug Tempo verfügt hätte, um dieses Rennen zu meistern!
Wer weiß, vielleicht würde dieser Erfolg mein gesamtes weiteres Leben in leistungssportlicher Hinsicht positiv beeinflussen!

Doch dann hörte ich meinen Namen ...

Meine Mutter rief mich! Ich war wie elektrisiert: Endlich! Sie wollte, dass ich zu ihr komme, und wir würden heimfahren oder zumindest weg aus diesem Ski-Straflager! Ich würde frei sein, frei!

Immer und immer wieder hörte ich sie meinen Namen ausrufen, und da wuchs ich tatsächlich über mich selbst hinaus, aber anders als von den Eltern Krappweis erhofft: Ich belastete den Außenski, fuhr einen perfekten Bogen und landete direkt in den Armen meiner Mutter am Rand der Piste. Endlich war es zu En… Doch was war das?

Mein Papi rief »Was machst denn, Bua!«, gleichzeitig vernahm ich lautes Gelächter der Umstehenden. Dann hob man mich hoch, drehte mich rum und stellte mich wieder auf die Piste, wo man mir einen saftigen Schub gab, damit ich endlich das Ziel erreichen würde. Was ich auch tat.

Unten angekommen, plumpste ich auf den Po und schaute dann völlig verdattert zu meinen Eltern hinauf. Sie hatte doch gerufen? Und das auch noch laut vernehmlich! Wieso hatten sie mich dann wieder auf die Piste geschoben?

Die beiden kamen mir entgegengelaufen, und mein Vater hob mich aus der Schusslinie, damit die nächsten Rennfahrer nicht über mich drüberfallen mussten. Dann erklärte er mir lachend, dass man bei Rennen den Namen seines Lieblingsrennfahrers ruft, um diesen anzufeuern, damit er auf jeden Fall sein Bestes gibt. Er hatte Mami extra diese Regieanweisung gegeben, um meine Vorbeifahrt aufzupeppen, und die hatte ihr Bestes gegeben, mich anzufeuern und mit den Fäusten dazu im Takt zu wedeln.

Ich aber hatte davon noch nie etwas gehört oder gesehen und die Rufe natürlich so interpretiert, wie sie bislang gemeint gewesen waren: als Aufforderung, sich möglichst bald in unmittelbarer Nähe des rufenden Elternteils einzufinden.

Dass hier das Gegenteil gemeint war, nämlich sich so schnell wie möglich noch weiter zu entfernen, wäre mir nicht im Traum eingefallen.

So endete mein erstes Rennen mit einer Enttäuschung für meinen Vater und dem ersten von vielen Missverständnissen zwischen mir und der Welt, die mich umgab.

Der Berg ruft: »Hau ab!«

Von Tommy Krappweis

Nun war es also so weit. Ich durfte mit auf den Berg. Zwar war ich bisher genau ein einziges Mal mit den Skiern eine Kurve gefahren und diese nur mehr oder weniger zufällig – aber genau das animierte meinen Vater dazu, mich nun mit auf die Pisten zu zerren. Denn er war der Meinung, dass nur ein Naturtalent wie sein Sohn in der Lage war, ohne jegliche Anleitung oder Erklärung eine perfekte Kurve zu fahren. Seiner Meinung nach hatte ich mit diesem unfreiwilligen Bogen bewiesen, was in mir steckte – und zwar ganz egal, ob ich wollte oder nicht. Die Spitzensportler-Gene ließen sich eben nicht unterdrücken, da konnte ich Lego spielen und Bücher lesen, wie ich wollte.

Ich muss vorab gestehen, dass sich im Laufe meiner dreiundvierzig Lebensjahre sicherlich mehrere Erlebnisse zu einer Art Sammelerinnerung verschmolzen haben, und vermutlich habe ich nicht alles, was nun folgt, innerhalb eines Tages erlebt. Stattgefunden hat es aber. Mein Vater ist Zeuge, ob er will oder nicht.

Sicher bin ich mir zum Beispiel bei den unwirtlichen Umständen. Dass diese nicht gerade optimal waren für einen ersten Ausflug mit dem fünfjährigen Sohn auf die Pisten der Skischaukel Bad Gastein, kann man getrost als maßlos untertrieben bezeichnen. Der Himmel war verhangen, der Nebel hing tief, und kaum saßen wir im Sessellift, blies uns ein unangenehmer Westwind den aufkommenden Graupelschauer stetig ins Gesicht. Es piekste und stach, als hätte jemand die örtliche Nähnadelfabrik in die Luft gejagt und die Wolke aus Nadeln wäre von einem Tornado erfasst worden, der sich nun genau hier an diesem Berg verfangen hatte und unaufhörlich weiterdrehte.

Für meinen Vater allerdings war all das ein Quell unbändiger Vorfreude! Dass sich andere Menschen durch schlechtes Wetter vom Skifahren abhalten lassen, ist für ihn bis heute völlig unverständlich, aber gleichzeitig auch höchst willkommen. Denn: »Bei dem Wetter haben wir auf allen Pisten freie Bahn und die Lifte sind leer!«

Damit hat er natürlich absolut recht. Kaum jemand verirrt sich bei Nebelgraupelsuppepluswind auf den Berg, denn alleine die Fahrt mit dem Lift ist da schon so ultrakacke, dass die meisten Menschen wohl sitzen bleiben und gleich wieder hinunterfahren würden. Aber Werner Krappweis ist nicht »jemand«, sondern schlichtweg der wetterunempfindlichste Mensch auf diesem Planeten. Im Gegenteil, wenn ihn der Wind umtost und ihm der Regen entgegenpeitscht, fühlt er sich laut eigener Aussage »erst richtig lebendig«. Er liebt es, dem Unbill der Natur zu trotzen und mitten im Sturm seinen Mann zu stehen – mit stolz in den Sturm gerecktem Kinn und ohne auch nur zu blinzeln. Ich dagegen liebe es, mir dergleichen durch die Doppelverglasung des heimischen Fensters anzusehen – kurz bevor ich das Rollo runterlasse, um mich sinnvolleren Dingen zuzuwenden. Nicht so an diesem Tag Ende der siebziger Jahre ...

Auch meiner Mutter war das Wetter zu unfreundlich gewesen, und sie hatte bei dem Vorschlag, die Gunst der leeren Pisten und Lifte zu nutzen, dankend abgelehnt. Also fuhren nur Vater und Sohn im Sessellift hinauf zur Mittelstation.

Während ich nun versuchte, mich wie eine Schildkröte in den aufgestellten Kragen meiner Skijacke zurückzuziehen, lachte mein Vater bei jeder Böe laut auf und versuchte, das Geschaukel des Sessellifts durch schwungvolle Eigenbewegung mit den baumelnden Skiern an den Füßen noch zu verstärken. »Auf dem Oktoberfest zahlt man für so was!«, lachte er und knuffte mich väterlich-herzhaft in die Seite.

Bei aller Mordsgaudi vergaß er allerdings, mir zu sagen, wie man sich eigentlich beim Ausstieg aus einem Sessellift zu verhalten hatte. Das Einsteigen war völlig unproblematisch vonstattengegangen, mein Vater hatte mich im richtigen Moment einfach hochgehoben und neben sich in den von hinten herannahenden Sessel gedrückt. Doch das Aussteigen war deutlich schwieriger zu meistern, galt es doch, im richtigen Augenblick aufzustehen und dann sofort den Sessel zu verlassen. Verpasste man den Moment, fuhr man unweigerlich eine Runde um die große Transportscheibe mit und trat den Weg zurück nach unten an.

Ich hatte gar keine Ahnung, was mich nun erwarten würde, ich war noch nie im meinem Leben Sessellift gefahren, geschweige denn aus einem solchen ausgestiegen! Aber wie es so meine Art war, begann ich nicht, meinen Vater mit Fragen zu löchern, sondern wurde immer stiller. Der Papi hingegen erging sich derweil in berauschenden Beschreibungen dessen, was man sehen würde, wenn kein Nebel wäre, und wo man in diesem Skigebiet überall entlang-, hinauf- und hinunterfahren konnte, vorausgesetzt alle Lifte waren bei diesem Wetter in Betrieb.

Ich hörte gar nicht hin, sah nur die Mittelstation herannahen und konnte nicht einmal sehen, wie die anderen Leute das Aussteigen bewerkstelligten, da außer uns ja keiner in diesem elenden Lift saß! Weder wusste ich, ob oder wann ich aufstehen sollte, noch war mir klar, dass es direkt nach dem Ausstieg einen kleinen Hügel hinabging, damit der Sessellift einem nicht an den Hinterkopf schmetterte. Ich hatte wirklich überhaupt keine Ahnung, was gleich passieren würde.

Schließlich schaffte ich es doch irgendwie, meinen Vater darauf aufmerksam zu machen, dass ich mich äußerst unbehaglich fühlte. Er lachte freundlich, klopfte mir auf die schmalen Schultern und erklärte: »Wirst seh'n, das geht ganz von allein.«

Natürlich wollte er mir damit jegliche Angst nehmen, doch diese völlig unkonkrete und zudem absolut hilfsfreie Antwort tat genau das Gegenteil! *Was* ging denn von alleine? Und vor allem *wie!* Mein Vater bemerkte, dass mir das nun überhaupt nichts gebracht hatte, ich trotz seiner beschwichtigenden Stimmlage immer unruhiger wurde, und setzte nun noch hinterher: »Das schaffst du schon. Ich sag dir dann, wann.«

In mir aber schrie es »Wann WAS! WAS DENN! WAAAAAS!«, aber äußerlich starrte ich nur wie ein schockgefrostetes Zwergkaninchen auf den nun rasend schnell nahenden Ausstieg.

Viel zu früh war es auch schon so weit. Unsere Skier berührten den Boden und mein Vater tat, was er versprochen hatte: Er rief: »Jetzt!« Gleichzeitig sprang er auf und winkte mir, das Gleiche zu tun. Nach einer Schrecksekunde tat ich, wie mir geheißen, und schob mich ebenfalls aus dem Sitz.

In meiner Erinnerung ist dieser Sturz ewig, mein Vater sagt, es wären allerhöchstens fünfzig Zentimeter oder vielleicht ein ganz knapper Meter gewesen, den ich fallend zurücklegte, bevor ich am Hang des Hügels aufprallte und den Rest des Weges auf dem Hintern nach unten rutschte. Mein Vater war allerdings sofort bei mir, stellte mich auf die Beine und schob mich vor sich her aus dem unmittelbaren Ausstiegsbereich des Sessellifts.

»Du musst da schon ein bissl schneller aufstehen, Bua«, erklärte er mir dann lachend. »Aufstehen und dann direkt rechts den Hügel runterfahren, damit du nicht im Weg stehst.« Diese Infos wären mir noch vor wenigen Sekunden einen ganzen Lastwagen voller Legosteine wert gewesen, nun aber waren sie vollkommen wertlos.

Ich muss meinen Vater aber immerhin ein Stück weit in Schutz nehmen, denn schließlich war er als Nachkriegskind ganz anders aufgewachsen und hatte wohl schon früh einen gewissen Autonomiebeschluss gefällt, der ihn gar nicht erst darauf warten ließ, ob ihm irgendjemand vielleicht etwas erklären würde. Stattdessen stürzte er sich von klein auf fröhlich sorglos in jedes Abenteuer, gespannt darauf, was als Nächstes passieren würde. Oft endete das in kleinen und großen Katastrophen, Verletzungen und Krankenhausaufenthalten, aber das war für Werner Krappweis von Kindesbeinen an völlig normal. Ob es der Sprung von einer Isarbrücke war, wo das Hochwasser überraschenderweise die Untiefe von letzter Woche mit Kieselsteinen aufgefüllt hatte, oder die überraschend heftige Explosion, hervorgerufen durch eine Flakpatrone, die mein Vater zusammen mit seinen Freunden in einen heißen Ofen geworfen hatte, um zu sehen, »was passiert«. Bis heute wirkt Werner Krappweis für mich völlig frei von Angst, komplett bar jeglicher Zweifel und Sorgen und nach wie vor angefüllt mit der unstillbaren Neugier vor dem Unbekannten, bereit, sich in jede Unwägbarkeit zu stürzen, solange sie nur genug Herausforderung bietet, um die Adrenalinpumpe wieder auf elf hochzujuckeln. Insofern war es für ihn wirklich komplett unverständlich, dass ich nicht schon ab der Hälfte der Sesselliftfahrt ganz unruhig vor Freude auf und ab hüpfte, um endlich im Selbstversuch herauszufinden, was wohl beim Ausstieg aus dem Lift Spannendes passieren würde!

Das mulmige Gefühl gegenüber Sesselliften legte sich erst, als ich erfuhr, dass diese im Vergleich zu Schleppliften die reinste Vergnügungsfahrt bieten. Denn bei Letzteren teilt man sich mit seinem Mitreisenden bekanntlich keine Sitzbank, sondern einen erstaunlich unergonomisch geformten Plastikanker, und wenn nicht beide Insassen zufällig exakt die gleiche Beinlänge haben, ist es mindestens für einen von den beiden brutal unbequem.

Nicht nur einmal verpasste ich in den folgenden Jahren den Moment, neben meinem Vater auf den Bügel zu steigen. Sei es, weil ich im letzten Moment noch einmal meine Handschuhe ausgezogen oder wieder mal einen der Stöcke fallen gelassen oder eine Schnalle des Skischuhs geöffnet, geschlossen oder nachjustiert hatte, um die brüllenden Schmerzen in meinen etwas zu breiten Füßen zu reduzieren. Schwupp, stand ich schon wieder mal alleine da, hörte meinen Vater wie er »Meiomei, Bua ...« seufzte, um augenblicklich vom Liftwärter mit irgendeinem wildfremden Menschen gepaart in den Anker geklemmt zu werden.

So wurde ich dann auf wackeligen Beinen mit der Ankerhälfte im oberen Rücken den Berg hinaufgezerrt, während der meist erwachsene Mensch neben mir damit zu kämpfen hatte, dass ihm seine Hälfte irgendwo in den Kniekehlen klemmte. Am schlimmsten war es, wenn diese Leute dann auch noch ein Gespräch mit mir anfangen wollten, während ich vollauf damit beschäftigt war, nicht den Griff an der Mittelstange des Ankers zu verlieren und immer die Körperspannung zu behalten, da mir das Ding sonst einfach über den Kopf hinweggeflutscht wäre. Allerdings schaffte ich es tatsächlich jedes einzelne Mal unfallfrei den Berg hinauf, wo mein Vater schon ganz ungeduldig auf mich wartete, um sich sofort wieder mit einem obligatorischen Freudenjodler in die Tiefe zu stürzen.

Zurück zu meinem allerersten Mal auf dem Berg: Die erste Hürde war genommen, ich empfand aber keinen Stolz oder gar Erleichterung, denn schon stand die nächste Herausforderung an. Ich musste es irgendwie lebend diese Piste hinunterschaffen, wo unten der Einstieg für den nächsten Lift war, der uns bis ganz hinauf auf den Gipfel bringen sollte. Dass sich dort unten ein Lifthäuschen und irgendwo da oben ein Gipfel befand, entnahm ich aber nur der Beschreibung meines topmotivierten Vaters, denn außer Nebel und dem Schatten einiger Bäume war um uns herum nichts zu erkennen.

Auch meinem Vater dämmerte es spätestens jetzt, dass es sich bei dieser Piste nicht um eine Herausforderung handelte, deren bevorstehende Bewältigung seinen fünfjährigen Sohn in erwartungsfrohe Verzückung verfallen ließ. Also erklärte er mir nun erst einmal ganz ruhig und auch sachkundig, wie ich parallel zum Hang fahren und immer erst am Ende jeweils einen Bogen machen sollte. So würde ich wie bei einer Serpentinenstraße ganz entspannt und sicher jeden Abhang meistern. Das klang vernünftig, nur ein Detail lag mir noch im Magen. »Wie gehen denn Kurven, Papi?«, fragte ich und mein Vater sah mich etwas zu lange an. »Du hast doch gestern eine gemacht bei dem Rennen. So gehen die. Das hast du doch gelernt.«

»Das ham wir nicht gelernt. Und ich weiß nicht, was ich da gemacht hab«, antwortete ich wahrheitsgemäß und erntete einen weiteren stummen Blick. Dann seufzte mein Vater und hub an, mir zu erklären, was es mit Innen- und Außenski, Be- und Entlastung, Stockeinsatz und all den anderen Dingen so auf sich hatte. Danach fuhr er mit mir ganz langsam und Meter für Meter die Piste hinunter, erklärte mir immer wieder geduldig, was ich zu machen hatte, und fing mich jedes Mal auf, wenn ich in der Kurve so steil zum Hang stand, dass ich, anstatt den Bogen auszufahren, an Geschwindigkeit zunahm und drohte, den gesamten Berg in einer einzigen Schussfahrt zu bewältigen. So schaffte ich nach ein paar Versuchen tatsächlich meine ersten eigenen Bögen, und als wir ganz unten angekommen waren, sah mich mein Vater so stolz an, dass ich dachte, er würde jeden Moment in einem gold-silbernen Flitterregen detonieren. »Subba Bua!«, rief er und sah sich dabei um, ob nicht vielleicht doch irgendjemand Zeuge dieses historischen Moments geworden war. Doch um uns herum war außer Schnee, Nebel und dem Lifthäuschen nichts weiter zu erkennen.

»Wir fahren jetzt ganz nauf, dann einmal nunter bis zur Mittelstation und dann kriegst du beim Uko einen Germknödel«, sagte mein Vater und ich nickte stumm. Der »Uko« war der »Unterkofler«, dem auch das Hotel gehörte, vor dem wir mit unserem Campingbus standen. Der Unterkofler betrieb auch an der Mittelstation eine große Alm, wo man sich mit anderen verschwitzten Skifahrern dabei überbot, in den glatten Skistiefeln auf den nassen Fliesen auszurutschen und dabei ein vollbeladenes Tablett mit Almdudler, Pommes und Germknödel in Vanillesoße möglichst unbeschadet von der Kasse bis zum Tisch zu jonglieren.

Also stiegen wir in den zweiten Sessellift und ließen uns erst einen bewaldeten Hang hinauf und dann tatsächlich aus der Nebeldecke hinaustragen. Ich erlebte nun zum ersten Mal bewusst, wie mein Vater auf Natur reagiert. Sobald irgendetwas zerklüftet, wuchtig, erhaben, groß, weit und vor allem wettergegerbt daherkommt, ist mein Vater so sehr von Begeisterung und Ehrfurcht erfüllt, dass er kaum an sich halten kann. »Mei, schaug doch amal«, »Ja, Wahnsinn«, »Is dees schee« und immer wieder »Wun-der-schön« sind die meistgeäußerten Sentenzen, gefolgt von dem einen oder anderen erhabenen Ausschnaufer. Heute kann ich das natürlich gut nachvollziehen, wenngleich ich in solchen Momenten eher zur Stille neige und dann versuche, diesen Eindruck irgendwie in einem Foto zu manifestieren. Ich weiß sehr genau, dass ein Foto in den seltensten Fällen das wiedergibt, was man an Ort und Stelle empfunden hat. Trotzdem probiere ich es immer wieder, und ab und zu gelingt mir dann auch eine Aufnahme, die mir einen Rahmen und einen Platz an der Wand wert ist. Die restlichen acht Phantastilliarden Bilder tummeln sich auf einem Festplattenspeicher, um beim nächsten digitalen Umschwung auf Speicherfolien aus Nanoäther entweder kopiert zu werden oder für immer verloren zu gehen.

Kaum hatten wir also die Nebeldecke durchbrochen, eröffnete sich uns ein atemberaubendes Panorama auf den Kreuzkogel und das Fulseck. Auch der Graupelschauer hatte endlich nachgelassen, aber der eisige Wind pfiff nach wie vor von Westen über die nun völlig ungeschützten Pisten und versetzte unseren Sessellift in spürbare Schwingung. Es war fürchterlich kalt dort oben, und bald glaubte ich, meine linke Backe nicht mehr zu spüren. »Bei dem Wind machen die bald die Lifte hier oben zu, super, dass wir es noch raufgeschafft haben«, rief mir mein Vater begeistert durch den Wind zu. Und während sich der Papi weiterfreute, hatte sein Kind augenblicklich die Horrorvision vor Augen, dass der Lift jeden Moment einfach stehenbleiben und uns Wind und Wetter überlassen würde. Zähneklappernd fieberte ich ab sofort jeder Seilbahnstütze entgegen, weil jede davon mit Serviceleitern ausgestattet war, an denen man zur Not herunterklettern konnte – vorausgesetzt, die eigenen Sessel blieben ziemlich genau in den Rollenbatterien stehen, von denen aus man sich vielleicht mit Hilfe der Skistöcke nah genug an die Leiter heranziehen könnte. JA, solche konkreten Gedanken machte ich mir, während mein Vater nicht mit Detailinformationen über die umliegenden Bergmassive sparte. Dazwischen wun-der-schön-te er immer mal wieder und hielt genießerisch das Gesicht in den Wind, um der Natur noch ein bisschen näher zu sein. Ich hingegen versuchte mich so klein wie möglich zu machen, um der Natur möglichst wenig Angriffsfläche zu bieten. Genau genommen habe ich damit nie aufgehört.

Erfreulicherweise fuhr die Bahn doch noch bis ganz hinauf und entließ uns unfallfrei ganz oben auf dem Gipfel. Mein Vater deutete nach rechts hinunter, und ich blickte auf eine steile Skipiste, die übersät war mit kleinen und großen Buckeln.

Ich schaute fragend zu meinem Papi, und der nickte.

Völlig überstürzt

Von Tommy Krappweis

Die Bezeichnung »Skischaukel« kommt daher, dass man vom Kamm des Kreuzkogel aus entweder nach Bad Gastein oder nach Dorf Gastein hinunterfahren und von dort natürlich auch wieder nach oben gelangen kann. So hat man aus beiden Tälern die Möglichkeit, die unterschiedlichsten Abfahrten zu nutzen.

Wie ich in späteren Jahren feststellte, war es auch verblüffend einfach, sich in dem verwirrenden System aus Bahnen, Liften, Pisten und Ziehwegen heillos zu verfranzen. Und wenn man dann noch die Zeiten der letzten Liftfahrten zum Kogel verpasste oder einem das Wetter mal wieder einen Strich durch die Zeitrechnung machte, konnte es schlimmstenfalls passieren, dass man sich im falschen Tal an einer der Busstationen wiederfand.

Dort drängte man sich zusammen mit anderen nasskalt durchgeschwitzten Skischuhträgern um kleingedruckte Fahrplanaushänge, die hinter eisblumendekorierten Plastikscheiben nur die Hälfte ihres Inhalts freiwillig preisgaben.

Hatte man den richtigen Bus zurück identifiziert, galt es nur noch, in maßloser Hektik das sperrige Skiequipment in die Ladeklappen zu schmettern und sich dann im Bus über neunzig Minuten lang dem blechernen Gejodel aus quäkenden Lautsprechern auszusetzen. Dazu atmete man schweißnasse Luft und lebte in der ständigen Angst, die richtige Haltestelle zu verpassen, da der Busfahrer sich bei den Durchsagen nicht die Mühe machte, die Musik leiser oder seine Stimme lauter zu drehen.

Hatte man sich dann irgendwann bei maximal siebzigprozentiger Trefferquote für den hoffentlich richtigen Ausstieg entschieden, hetzte man nach draußen und versuchte, irgendwie die eigene Ausrüstung vom undurchdringlichen Haufen zu trennen, zu dem sich die Skier, Stöcke und Rucksäcke während der Fahrt unweigerlich zusammengeschoben hatten, bevor der Bus sein drohendes »Pfff« ausstieß, mit dem er die hydraulischen Türen schloss.

Somit unweigerlich an dieser Haltestelle gestrandet, musste man nur noch herausfinden, wo zum Teufel man nun eigentlich war und wie weit man jetzt noch in den gottvermaledeiten Skischuhen bis zur Unterkunft zu laufen hatte. Heimkehr vor 23:00 Uhr galt als unwahrscheinlich, totale Erschöpfung als sicher.

All das sollte ich aber erst viel später erleben, im Moment war ich ganz und gar fixiert darauf, lebend diese Piste hinunterzugelangen, die sich gähnend unter uns auftat.

Abermals schaltete mein Vater in den Ist-doch-alles-kein-Problem-Modus, den er immer dann verwendet, wenn das genaue Gegenteil der Fall ist. Das ist bis heute seine Strategie, mit der er das Gegenüber in Sicherheit wiegen und so dazu bringen will, Material, Leib oder Leben zu riskieren. Erstaunlicherweise kommt er damit immer wieder durch, denn seine überzeugende Art, die größten Gefahren zu negieren, kleinzureden oder mit geschickt betonter Nebensächlichkeit einfließen zu lassen, ist wirklich bewundernswert. Man könnte es als eine Art risikoabhängigen Zweckoptimismus bezeichnen. Je höher die Wahrscheinlichkeit, dass irgendwer oder irgendwas zu Schaden kommt, desto überzeugender kann Werner Krappweis auf sein Gegenüber einwirken. Im Endeffekt wie die Schlange Kaa im *Dschungelbuch*, nur ohne bunte Hypnoaugen und weniger säuselnd. So schaffte er es natürlich, auch mir das Gefühl zu geben, dass alles viel schlimmer aussah, als es wirklich war. Ich sollte nur die eben erst im Schock gelernten Bögen fahren und zusehen, dass ich die Kurven »zügig« hinter mich brachte, denn das wären »vielleicht die einzigen Momente, wo es ein bissl interessanter wird«. Aha. Also gut, schließlich gab ich mir einen Ruck und fuhr los.

Innerhalb weniger Sekunden war ich schon so schnell unterwegs wie noch nie zuvor außerhalb unseres VW-Busses. An einen Bogen war gar nicht mehr zu denken, ich war viel zu sehr damit beschäftigt, genug zu atmen, weil mein panisches Geschrei so viel Luft verbrauchte. Dazu ruderte ich mit den Armen, die Skier zitterten klappernd über den plötzlich überraschend harten Schnee, und ich hatte überhaupt keine Idee, wie ich die Fahrt stoppen sollte. Hinfallen wäre eine Option gewesen, aber das traute ich mich schnell nicht mehr, da ich immer mehr und mehr beschleunigte und schlicht Angst vor dem Aufschlag hatte. Plötzlich aber war der Schnee unter mir verschwunden, ich fühlte mich seltsam leicht und verlor dadurch vollkommen die Orientierung. Purer Lebenserhaltungstrieb sorgte dafür, dass ich mich am nächsten Ding festklammerte, das mein Blickfeld passierte …

Das Nächste, was ich bewusst wahrnahm, war das erschrockene Gesicht meines Vaters etwas mehr als einen Meter über mir. Ich hing an einem steilen Abhang jenseits der Piste an einem Baum und starrte stumm und mit weit aufgerissenen Augen zu ihm hinauf.

Da dies eine wahre Geschichte ist und kein Actionfilm, möchte ich einschränkend erklären, dass ich nicht etwa an einer Klippe oder Ähnlichem hing, sondern durchaus noch Körperkontakt mit dem Abhang hatte. Allerdings war dieser so wahnwitzig steil, dass ich gut daran tat, den dürren Baum nicht loszulassen. So war der Hang zu steil für meinen Vater, um einfach zu mir hinunterzusteigen, und hätte ich losgelassen, wäre ich weniger gerutscht als vielmehr gefallen – und das für ein paar hundert Meter.

Was mein Vater dann tat, war allerdings nur zu bewundern. Ohne zu zögern, zog er sich die Lederbänder seiner Skistöcke von den Handgelenken, wickelte eines davon um den Kranz am Ende des anderen Stockes und ließ diese improvisierte Kletterhilfe zu mir hinunter. »Glang hi!«, rief er mir zu, »trau dich, Bua!«

Es kostete mich sehr viel Überwindung, den Baum loszulassen und stattdessen den dünnen Skistock zu ergreifen, der da neben mir baumelte. Schließlich aber wagte ich es und griff erst mit der einen, dann mit der anderen Hand so fest zu, wie ich nur konnte. Mein Vater rief »Hau ... ruck!«, zog mich mit Schwung nach oben, bekam mich am Rand des Hangs zu fassen und lupfte mich zurück auf die Piste.

Dies war das erste von vielen noch folgenden Malen, da mir die Worte »Mami«, »Nicht« und »Erzählen« in besonders eindringlicher Weise nahegebracht wurden. Da meine Mutter gerade diese Geschichte sehr gut kennt, ist aber davon auszugehen, dass ich kaum dichtgehalten habe. Oder mein Vater war von der Dramatik der fraglos spektakulären Rettungsaktion selbst so angetan, dass er nicht anders konnte, als auch die fatale Herleitung zu erzählen. Hätte er bei der Schilderung meines abrupten Absturzes und der Steilheit des Hanges untertrieben, wäre die Erzählung natürlich ungleich langweiliger und für einen passionierten Geschichtenerzähler wie meinen Vater absolut untragbar gewesen.

In den folgenden Tagen traute ich mich nicht mehr auf den Berg, und in die blöde Skischule wollte ich auch nicht mehr. Also blieb meinen Eltern nicht viel anderes übrig, als sich beim Skifahren aufzuteilen, so dass immer einer von beiden bei mir war. So wanderte ich mal mit meiner Mutter durch verschneite Bergwege von einer Alm zur nächsten. Oder ich verbrachte den Nachmittag friedlich malend und Lego spielend im Aufenthaltsraum des Hotels, während mein Vater ruhelos hin und her tigerte.

Nur ab und zu stieß er einen besonders hörbaren Seufzer in Richtung des Fensters aus, wo man einen besonders schönen Blick auf die verheißungsvollen Berggipfel hatte. Ich hatte überhaupt keine Probleme damit, diese komplett zu ignorieren. Ganz im Gegenteil.

Zwischenruf

Von Werner Krappweis

Es stimmt schon: Da meine damalige Frau Karin und ich begeisterte Skifahrer waren und wir jedes Jahr mindestens eine Woche Winterurlaub machten, mussten natürlich auch unsere Kinder so schnell wie möglich Ski fahren lernen. Deshalb durften beide, kaum dass sie auf Skiern stehen konnten, einen Skikurs machen. Tommy hatte dabei deutlich weniger Freude als sein Bruder Nico ein paar Jahre später. So schlimm kann es aber dort gar nicht gewesen sein. Ich kann mich zum Beispiel noch ganz genau an seine ausgesprochen hübsche Skilehrerin erinnern und brachte ihn immer gerne persönlich zur Skischule.

Na ja, in späteren Jahren saß Tommy dann tatsächlich lieber im VW-Bus, um zu lesen, während wir mit einem begeisterten Nico den ganzen Tag auf der Piste unterwegs waren.

Das Einzige, was Tommy beim Skifahren Spaß machte, waren die Stürze. Es fühlt sich seltsam an, das so aufzuschreiben, aber tatsächlich genoss er es, sich immer und immer wieder zu überschlagen und auch die Aufmerksamkeit, die ihm damit zuteilwurde. Sobald irgendwer eine Film-, Video- oder Fotokamera zückte, war damit zu rechnen, dass mein Sohn sich so publikumswirksam auf der Piste zerlegen würde, dass ich manchmal besonders laut lachen musste, um die Leute davon abzuhalten, den Notarzt zu rufen. Sekunden später sprang er auch schon auf und winkte triumphierend nach oben. Dann warteten wir wieder einmal ewig, bis er seine Skier gesucht und gefunden hatte.

Jahre später auf einer Skitour wollte ich gerade alle warnen, einen extrem steilen Abhang wegen akuter Lawinengefahr unbedingt zu meiden. Leider hatte sich der Tommy da schon hinuntergestürzt. Und das im wahrsten Sinne des Wortes, denn er fuhr nicht, sondern purzelte wirklich, sich immer wieder überschlagend, den Tiefschneeabhang hinunter. Einer unserer Begleiter machte davon eine Fotoserie, die Sie im Bildteil dieses Buches auch finden können.

Dass er bei seinen oft so verrückten Eskapaden eigentlich nie ernsthafte Blessuren davontrug, lag wohl daran, dass er beim Judo durch spezielle Fallübungen gelernt hatte, zu stürzen, ohne sich dabei zu verletzen.

Das kam ihm natürlich auch zugute, als er in dem Freizeitpark *No Name City* als Stuntman arbeitete. Da gab es ja immer wieder inszenierte Schlägereien, und er musste täglich mehrmals theatralisch zu Boden fallen, wenn er »erschossen« worden war.

Als ich dort wieder einmal als Zuschauer dabei war, sah ich, wie eine für eine Westernschau eigentlich unpassend vornehm gekleidete und etwas betagte Dame mit einem kleinen Hund im Arm unter dem Absperrseil durchschlüpfte und sich in der Arena vor die Zuschauer stellte. Der Tommy hatte das bemerkt und bat sie höflich, sich doch bitte wieder hinter die Absperrung zu stellen. Die Frau weigerte sich jedoch beharrlich und blieb stur neben dem Wassertrog vor dem Saloon stehen. Da ich weiß, dass mein Sohn kaum etwas mehr nervt als Starrsinn und Beratungsresistenz, erwartete ich nun eine Diskussion. Tommy nickte aber nur und ging einfach weg. Verwundert blickte ich ihm nach. Damit hatte ich wirklich nicht gerechnet.

Das sollte sich wenig später erklären, als Tommy gegen Ende der inszenierten Schießerei nicht mitten auf der Mainstreet zusammenbrach, sondern erst einmal torkelnd mehrere Meter zurücklegte, bis er endlich mit Karacho direkt in die Pferdetränke fallen konnte. Ein monströser Schwall Wasser ergoss sich über die Dame, und sie sah noch mehr nach »begossener Pudel« aus als ihr ebensolcher Hund. Natürlich musste Tommy geduldig in dem Wassertrog »toter Mann« spielen, bis die Show zu Ende war und sich alle quicklebendig zum Schlussapplaus versammelten. Der Spaß war es ihm aber wert gewesen. So ist er, unser Tommy.

Sein Bruder Nico ist da eher ein etwas ruhigerer und überlegter Typ, aber dafür hat er andere Qualitäten. Nico ist zum Beispiel ein technisches Allroundgenie! Egal, ob es um Schweißarbeiten oder um das Installieren von elektrischen Anlagen geht, er kann einfach alles. Er zerlegt, ohne es gelernt zu haben, jeden Motor und jedes Getriebe und baut alles wieder so zusammen, dass es auch funktioniert.

Ich denke da besonders an das vierzig Jahre alte Segelboot, das er als Schnäppchen bei eBay ersteigert hatte. Es ist unglaublich, aber das Boot steht heute auf dem Trailer, als käme es frisch von der Werft.

Es wurde von ihm vollkommen renoviert. Das ganze Schiff wurde in Eigenarbeit abgeschliffen, grundiert und neu lackiert, die Inneneinrichtung überholt und die elektrische Anlage komplett erneuert.

Die beiden Brüder haben ja eine gemeinsame Firma, *die bumm film GmbH*. Tommy ist da für den kreativen Part zuständig, laufend fallen Ideen, Formate und Drehbücher aus ihm heraus, und es ist nicht nur für mich völlig unverständlich, woher er all diese Ideen nimmt. Nico ist dafür der beste kaufmännische Geschäftsführer, den man sich vorstellen kann. Er ist gewissenhaft, sorgt dafür, dass alle Angestellten pünktlich ihr Gehalt bekommen, und macht dabei auch die verrücktesten und ambitioniertesten Ideen möglich. Dabei kommt ihm wiederum sein technisches Geschick zugute. Denn wo andere »Zahlenmenschen« eher aus dem Büro und den Zahlen heraus agieren, kann Nico sehr gut sagen, ob etwas möglich ist oder nicht und wie lange man dafür braucht, wenn man sich nicht dumm anstellt.

So sitzen beide oft bis tief in die Nacht an ihren Schreibtischen. Tommy schreibt, bis ihm der Kopf auf die Tastatur knallt, und Nico kämpft sich durch Zahlenkolonnen und Kalkulationen. Am Ende aber realisieren sie so ganz erstaunliche Dinge und motivieren auch ihre Kollegen dazu, immer das Besondere, das Originelle zu wagen. Ich bin so stolz auf meine beiden Buben, dass ich manchmal sogar vergesse, zu bedauern, dass ich sie wohl kaum mehr für den Leistungssport gewinnen werde.

Allerdings muss ich mir nicht vorwerfen, es nicht immer und immer wieder probiert zu haben. Gerade bei Tommy habe ich nichts unversucht gelassen. Da ich zum Beispiel genau wusste, dass er als passionierter Lego-Fan an neuen Ideen und Erfindungen große Freude hatte, konnte ich ihn so ein ums andere Mal zum Skifahren auf den Berg locken. Leider nicht immer mit erwünschtem Ergebnis – aber das soll mein älterer Sohn bitte selbst erzählen ...

Technik, die entgeistert

Von Tommy Krappweis

Es stimmt. Die gesamte Kindheit und Jugend hindurch versuchte mein Vater, mich durch technische Aufrüstung dazu zu motivieren, mich wieder auf die Pisten zu wagen.

Da meine Eltern nun wirklich kaum Geld hatten, war mein Vater darauf angewiesen, dass irgendjemand in seinem großen Bekanntenkreis etwas Passendes günstig abzugeben hatte. Das passierte allerdings erstaunlich oft, denn gerade Ende der Siebziger, Anfang der Achtziger machte die Sportindustrie einen Innovationssprung nach dem nächsten. Dabei wurden natürlich auch unzählige Irrwege beschritten und es gab so einige Erfindungen, die für eine Saison lang von sich reden machten, bis sich die Nutzlosigkeit, der mangelnde Komfort oder die unsagbaren Schmerzen bei der Benutzung herumgesprochen hatten.

In internetlosen Zeiten brauchte es deutlich länger, bis solche Erkenntnisse durchsickerten, aber viele Schnapsideen hielten sich auch damals kaum länger als einen Winter und fanden sich eine Saison drauf massig in den Kleinanzeigen der Zeitungen wieder. Dies war auch der Moment, zu dem mein Vater mit der Hoffnung der Verzweiflung zugriff und seinem Ski-unwilligen Sohn eine weitere technische Torheit präsentierte, die er günstig und so gut wie neu erstanden hatte. Da ich damals wie heute eine große Freude an neuen Ideen und technischen Innovationen habe, stieß er bei mir auch ausnahmslos jedes einzelne Mal auf Interesse. Ja, so einfach bin ich zu kriegen. Drei dieser Dinge sind mir im Gedächtnis geblieben, und ich möchte Ihnen diese im Folgenden näher beschreiben.

Da wären zunächst mal diese Handschuhe mit der Öffnung auf dem Handrücken, die man vermittels eines Klettverschlusses öffnen konnte, um hineinzupusten. Sie kennen vielleicht den Effekt, wenn man mit hohem Druck durch ein Kleidungsstück hindurchpustet und erstaunt feststellt, dass es sich auf der Haut darunter richtiggehend heiß anfühlt. Das wollte sich der namhafte Hersteller dieser Handschuhe zunutze machen und die Erstkäufer dieses Modells natürlich auch. Testet man das in den gemäßigten Temperaturen eines Sportgeschäfts oder zu Hause, scheint die Idee auch umgehend einzuleuchten. Man pustet oben in die kleine Klappe, und sofort wird es im Handschuh richtig warm! Großartig! Warum ist da vorher keiner draufgekommen?, fragte man sich unweigerlich, und ich konnte es tatsächlich kaum erwarten, diese geniale Erfindung auszuprobieren. Zwar waren mir die Dinger etwas zu groß, aber das war immer noch besser als zu klein, und bequem waren sie erst recht.

Kaum hing ich also einen Tag später in den windig-eisigen Höhen des Großarler Sessellifts, riss ich also mit einem schwungvollen »Ratsch« die Öffnung auf und blies kräftig hinein.

Die wohlige Wärme an meiner Hand war einfach nur sensationell, und so pustete ich unter wohlwollend lächelndem Blick meines Vaters die gesamte Liftfahrt nach oben immer und immer wieder in den Schlitz auf meinem Handrücken, um meine Finger auf mindestens 40 Grad aufzuheizen und so genug Wärmereserven für die Abfahrt zu haben.

Die Ernüchterung folgte leider bereits wenige Minuten nach dem Ausstieg aus dem Lift: Denn ebenso schnell wie sich die Handschuhe durch das Gebläse aufgewärmt hatten, kühlte sich nun die unweigerlich mit hineingepustete Feuchtigkeit ab. Als ich am Ende der ersten Piste ankam, stellte ich fest, dass sich meine Finger kaum vom Skistock lösen wollten. Die Handschuhe waren nicht nur daran festgefroren, sondern auch stocksteif in einer halb offenen Haltung erstarrt, die nicht von ungefähr an die Greifwerkzeuge einer Playmobilfigur erinnerte.

Noch nie habe ich in den Fingern so extrem gefroren wie bei diesem Skiausflug. Nachdem ich mit meinem Vater die Handschuhe getauscht hatte, ging es bald besser. Dafür trübten die vereisten Fingerlinge sogar meinem unzerstörbaren Vater den Skispaß erheblich. Als er nach der letzten Abfahrt auf seine nahezu weißgefrorenen Finger blickte, wanderte die Stunden zuvor noch wortreich angepriesene Innovation wortlos in den Müll und wir kauften in der Talstation neue Handschuhe ohne Serviceklappe.

Die zweite Torheit, an die ich mich erinnere, waren die Skier von *FULLER*. Die Firma stellte eigentlich keine Skier, sondern Klebstoffe her und stand wohl mit mehreren Sportherstellern in regem geschäftlichem Kontakt. So kam es zu dieser Sonderedition, die nicht den bunt-dynamischen Namen einer der bekannten Marken trug, sondern stattdessen in großen, blauen und arg nüchternen Lettern auf grauem Ski das Wort *FULLER*.

Nun sind mir Marken nach wie vor völlig egal, und ich

finde es im Gegenteil sogar recht nervig, mit auffälligen Aufschriften als wandelnde Reklametafel zu dienen. Schon als Kind war mir das auffällige *Fruit of the Loom*-Logo unangenehm und das *Lacoste*-Krokodil ebenso, und ich versuchte, diese so gut es ging mit anderen Kleidungsstücken, Bottons oder Bügelflecken zu verdecken. Das geht sogar so weit, dass ich an meinen Gitarrenverstärkern oder Instrumenten gerne mal den einen oder anderen Buchstaben abklebe und dann eben nicht mit einer *Fender*-Gitarre über einen *Marshall*-Amp spiele, sondern mit einer *end* über einen *arsh*. Bei meiner Orgel von der Firma *Korg* klebte ich dafür nicht nur das K ab, sondern fügte noch zwei weitere Buchstaben aus weißem Klebeband hinzu. So muss man das Instrument nun nicht einmal hören, um zu wissen, dass es sich hierbei um eine *ORGel* handelt. Die einzige Marke, die ich bis heute nicht abgeklebt habe, ist die von *VOX*, das brachte ich als glühender *Beatles*-Fan nicht übers Herz.

Spätestens aber ab dem Zeitpunkt, als einer der anderen Skifahrer aus der Gruppe von Radrennvereinskollegen meines Vaters auf meine Bretter zeigte und lachend den Reim »Jeder Nuller fahrt an *FULLER*« in die Runde mundartete, war ich versucht, ins nächste Schreibwarengeschäft zu stürzen, um dort irgendein Klebeband oder eine Tüte voller Aufkleber zu erstehen und den ebenso albernen wie weithin sichtbaren Schriftzug abzukleben.

Doch waren alle Reimmöglichkeiten mit »uller« recht schnell erschöpft, und nach ein paar erfolglosen Versuchen, das Wort »Schnuller« in einen halbwegs sinnhaften Spruch zu integrieren, verlor man bald das Interesse an mir und meinen Brettern.

Mir dafür blieben die »Fullernuller« natürlich erhalten, und schnell sollte ich feststellen, dass die eingeschränkte Poesiemöglichkeit nicht der einzige Nachteil an den Dingern war ... Kaum hatte ich nämlich den Lift verlassen und mich auf die erste Piste gestürzt, hatte ich das seltsame Gefühl, als würde ich bis zu den Knien in Götterspeise stehen! Die Skier waren so weich, dass sie so gut wie nie den Kontakt zur Piste verloren und sich an jede noch so marginale Unebenheit anschmiegten wie wachsbeschichtete Nacktschnecken.

Isoliert als rein technische Innovation betrachtet war das durchaus eine Besonderheit, die den gesammelten Applaus der Sportgeräteforschung verdient hatte. Um damit aber unfallfrei einen Hang hinunterzufahren, waren diese Muslöffel aber denkbar ungeeignet. Durch die andauernde Verwindung öffnete sich laufend die Bindung, und ich war andauernd damit beschäftigt, einem oder beiden Skiern hinterherzuschlittern, um dann die Bindung wieder von Schnee zu befreien und genervt meinen Skischuh hineinzuschmettern.

Offensichtlich entging auch den anderen Skifahrern auf den Pisten nicht die Besonderheit meiner Pistenspülschwämme. Es sah wohl doch ziemlich ungewöhnlich aus, wenn da jemand mit der Grazie eines Vanillepuddings über die Buckel schwappte und die Skier dabei alle Bodenwellen nachbildeten, als hätte ich mir zwei grau-blaue Tausendfüßler unter die Füße geschnallt. Leider blieben mir aufgrund akuter Geldknappheit diese Skier länger als eine Saison erhalten, und ich lernte irgendwann, damit so zu fahren, dass ich die seltsame Bewandtnis bei bestimmten Bedingungen in einen Vorteil verwandeln konnte. So fuhren sich die *FULLER*-Skier im Tiefschnee aus welchen Gründen auch immer viel besser als alle anderen, und seltsamerweise verlor ich auch auf vereisten

Pisten kaum den Halt. Das erkaufte ich aber mit viel Frust, weil jede kleinste falsche Belastung oder Erschütterung gerne dafür sorgte, dass sich gleich beide Bindungen öffneten und ich mal wieder ohne Skier auf der Piste stand. Schimpfend.

Die dritte zweifelhafte Errungenschaft war ein Skischuh der Firma *Lowa* beziehungsweise natürlich zwei davon. Abermals kann man sagen, dass die Grundidee Applaus verdient, denn was ist beim Skischuh das große Problem? Genau, wenn er nicht perfekt passt! Denn das tut dann erst ein bisschen, dann ein bisschen viel mehr und schließlich ganz besonders brutal weh, und nichts versaut einem so schnell den Wintersportspaß wie ein schmerzender Skischuh. Die besonders grausame Komponente dabei war für mich als Kind auch psychologisch: Man *braucht* den Schuh, um hinunterzufahren, aber man *kann* kaum fahren, weil es so irrsinnig weh tut. Ganz oben auf dem Berg zu stehen und zu wissen, dass man dem Schmerz so lange hilflos ausgeliefert ist, bis man endlich wieder vom Berg runterdarf – und wenn man dann aber genau nach dahin losfährt, wird es immer schlimmer weh tun –, das war für mich eine ganz eigene multidimensionale Form der Pein.

Das dachte sich wohl auch die renommierte Firma *Lowa*, und darum präsentierten die schlauen Köpfe aus der Schmerzabteilung eines folgenschweren Tages im Jahr 1972 das erste Modell *Air* – einen Skischuh mit Luftkissen, die man bei Bedarf aufpumpen oder entleeren konnte, um so den Innenschuh optimal an die höchsteigene Fußform anzupassen. Nun ist der *Lowa Air* tatsächlich eine der Ausnahmen von der Regel, da diese Technik im Laufe der Jahrzehnte immer mehr verfeinert und verbessert wurde und tatsächlich in einer grundsätzlich ähnlichen Form auch heute noch Anwendung findet. Die ersten Modelle in den Siebzigern aber waren noch recht rudimentär und vor allem ganz und gar nicht geeignet für einen Breitfüßler wie mich.

Natürlich war auch ich wieder mal ziemlich angetan von der Möglichkeit, den Schuh innen auf irgendeine Art verändern zu können, denn genau das war ja immer mein Problem gewesen. So waren mir die Skischuhe eigentlich immer an den Seiten zu schmal – das bemerkte ich aber grundsätzlich erst, wenn ich damit mindestens eine Stunde auf der Piste zugebracht und meine Füße gehörig belastet hatte. Waren diese dann erst einmal auf ihr typisches Skifahrermaß angeschwollen, trieb mir der Druckschmerz den gesamten Transatlantik durch die Tränendrüsen. Zu Hause aber verlief jede Anprobe immer gleich: Ich musste die Dinger anziehen, hatte keinen Bock drauf, nickte nach dreieinhalb Schritten und brummelte »jajajajapasstschon«, um möglichst schnell wieder zurück zu meinem Lego zu kommen, das in meinem Kinderzimmer ungeduldig der Zusammenbauung harrte.

Nun bekam ich zu den Schuhen auch noch einen kleinen, schweren Blasebalg gereicht, den man hinten an der Ferse ansetzen konnte, um damit Luft zwischen Außenschuh und Innenfutter zu pumpen. Ich probierte es kurz aus, fand sogar mildes Interesse an der Grundidee und eilte dann zurück ins Kinderzimmer.

Des Buchumfangs halber spulen wir jetzt einfach mal ein paar Wochen vor und setzen wieder zu dem Zeitpunkt ein, an dem ich auf dem Berg in Großarl stehe und irgendwie das Gefühl habe, in dem Schuh zu »schwimmen«. Irgendwie ist hinten und vorne zu viel Platz, egal, wie fest ich die Schnallen festzurre. Sofort zieht mein Vater mit einem triumphierenden Grinsen die kleine Pumpe aus der Jackentasche, und fast bin ich versucht, mir nachträglich eine Art Fanfare dazu vorzustellen, die plötzlich aus dem Nichts ertönt. Nicht minder motiviert pumpt Werner Krappweis nun Luft in meinen Schuh, bis ich ihm sehr deutlich zu verstehen gebe, dass der Fuß jetzt wirklich weder vor noch zurück kann und so hermetisch festsitzt, als hätte ich mir die Schuhe in einem Laden für Mafiazubehör aus Beton gießen lassen …

Die unbeschreibliche Pein nach der ersten Abfahrt hat sich in meine Erinnerung ähnlich tief eingebrannt wie die traumatische Weisheitszahn-OP viele Jahre später, die ich dank umfassender Entzündungsherde ohne jegliche Betäubung durchzustehen hatte. Mein Gesicht war kalkweiß vor Schreck über diese neue Dimension von Schmerz, und sogar mein Vater sah ein, dass ich so keinen Zentimeter weiterfahren konnte. Sofort zog er abermals den Blasebalg hervor und schickte sich an, Luft aus den Kammern zu lassen. Leider war uns beiden nicht so klar, wie das nun zu funktionieren hatte, und es brauchte ein paar schmerzverstärkende Minuten, bis er herausfand, dass man die Pumpe umdrehen und irgendwas an dem Ventil herumdingsen musste, um erfolgreich Luft abzupumpen.

Tatsächlich ging es mir schlagartig besser, das Blut konnte nun wieder den gesamten Weg über die Knöchel hinauszirkulieren, und für einen Moment lang war ich einfach nur erleichtert. Bis wir dann weiterfuhren und ich schnell bemerkte, dass ich nun abermals keinen Halt mehr in den Schuhen hatte und meine Füße darin herumrutschten wie ein Stück Seife in einem halbgefrorenen Wollwaschlappen.

Kaum saßen wir im Sessellift zurück nach oben, spürte ich schon, dass meine Ferse und mein großer Zeh wund gescheuert waren, und ich bat meinen Vater, doch bitte wieder etwas Luft in den Schuh zu pumpen, damit ich mir nicht vitale Teile meiner Füße für immer abschmirgeln würde.

Abermals ertönt in meiner Erinnerung ein triumphaler Musikakzent, gefolgt von einem wohldosierten »pfftpfftpfft«. Nur drei Luftstöße in die Kammern anstatt sechs müssten dank erfolgreich absolvierten Abschlusses, der Milchmädchenrechnung genau die Hälfte des Drucks ergeben, den ich vorher verspürte – hoffentlich wenig genug, um nicht wieder seitlich zu drücken, und viel genug, um meinen Füßen Halt zu geben.

Die Agonie am Ende der dritten Abfahrt ist nicht in Worte zu fassen, und mir fällt kein metaphorischer Vergleich ein. Stattdessen denken Sie doch einfach an das berühmte Bild von Edward Munch mit dem prägnanten Titel *Der Schrei*. So fühlte ich mich. Inklusive der Farben, die ich nun anstatt des mich umgebenden Schneeweiß überall glaubte wahrzunehmen. Nach wie vor rutschten meine Füße in dem Innenschuh vor und zurück, aber durch die seitliche Verengung um drei Luftstöße hatte ich mir nun zusätzlich zu Ferse und Großzeh auch noch beide Seiten aufgeraspelt!

Mein Vater war zunächst versucht, mir eine Finte zu unterstellen, um so schnell wie möglich den Berg – und vielleicht auch das Skigebiet – zu verlassen. Also wollte er die angeblich so mannigfaltig malträtierten Füße einmal ansehen. Schnell waren die Schnallen geöffnet und der Fuß von den dicken Socken befreit ... und mein Vater restlos überzeugt. Die zwei rohen Fleischklumpen am unteren Ende seines Kindes erweichten das Vaterherz in Millisekunden, und ich durfte zum ersten und einzigen Mal sogar mit dem Lift nach unten fahren. Hätte ich nicht die ganze Zeit über so fürchterliche Schmerzen erlitten, es wäre die schönste Abfahrt meines gesamten Wintersportlebens gewesen.

Bis heute stehe ich erstaunlicherweise jeglichen Neuentwicklungen, Innovationen oder verrückten Ideen aufgeschlossen gegenüber und bin gern ein sogenannter »Early Adopter«. Ich war der Erste, der beim Dreh der *ProSieben-Märchenstunde* im winterkalten Prag beheizbare Schuhsohlen hatte, und akzeptierte gerne, für die damals noch recht klobigen Akkus an der Wade verlacht zu werden. Nur wenige Tage später luden bereits zehn Paar mehr über Nacht an der Steckdose im Produktionsbüro.

Das hat natürlich auch zur Folge, dass ich immer wieder auf unausgegorene Schnapsideen hereinfalle, und auf jede erfolgreich beheizte Sohle kommen zwei Flops wie eine Mütze mit Kopfhörern, die nicht nur juckt, sondern vor allem jeden im Umkreis von drei Metern zum Mithören zwingt, oder ein elektrischer Kinderwagenschaukler, der nach einer Stunde heißläuft und Gott sei Dank früh genug die Sicherungen im Stromkasten zum Reagieren zwingt.

Wie könnte ich also meinem Vater verdenken, dass er ein ums andere Mal dachte, diesmal einen Treffer zu landen? Und wie soll die Menschheit sich technisch weiterentwickeln, wenn es nicht Leute wie ihn und mich gibt, die bereitwillig jede Torheit mitmachen? Denn ab und zu ist ja dann doch mal etwas dabei, das einen über viele Jahre begleitet. Von oben beschriebenen drei Beispielen schaffte es zwar keins über einen einzigen Tag hinaus, aber mein Interesse an neuen Ideen ist geblieben, und die Neugier stirbt nur wenige Sekunden vor der Hoffnung – jedes Mal aufs Neue.

Mein Vater hat ebenso große Freude an neuer Ausrüstung. So kann er gar nicht anders, als mir jedes Mal sein neues Rennrad zu präsentieren und es in allen Details vorzuführen und in höchsten Tönen zu loben. Er weiß ganz genau, dass es mir kaum egaler sein könnte, aber ich weiß auch, dass ich da nun mal durchmuss. Also lasse ich ihn gewähren und versuche wenigstens halbwegs so zu tun, als ginge mir der Monolog über *Shimano*, Zahnkränze, Felgen und Co. nicht komplett am Arsch vorbei. Wo ich allerdings immer ganz genau zuhöre, sind seine Erzählungen von diversen irrwitzigen Abenteuern und lebensgefährlichen Situationen. Neben dem Unterhaltungswert, den mein Vater als Erzähler hat, ist es auch diese unglaubliche Mischung aus Risikobereitschaft, Draufgängertum und ... ich müsste jetzt Dummheit schreiben, möchte das aber vermeiden ... hm. Vielleicht urteilen Sie einfach selbst nach der Lektüre des folgenden Kapitels ...

Der Großvenediger

Von Werner Krappweis

Man könnte denken, es hätte für mich ab einem Alter von vierzehn Jahren keine andere sportliche Tätigkeit gegeben, als immer nur Rad zu fahren. Nun, es stimmt schon, mein Leben war größtenteils vom Radsport geprägt, aber eben nicht nur.

Ich erinnere mich da zum Beispiel an eine Skitour zum Großvenediger.

Ich muss damals siebzehn Jahre alt gewesen sein, denn ich hatte noch keinen Führerschein und kein eigenes Auto. Die Fahrerlaubnis konnte ich ja erst ab achtzehn erwerben, und ich erinnere mich noch an mein erstes Auto im Jahr darauf: Ein *VW-Käfer* Baujahr 1948 mit 25 PS und noch mit dem geteilten Heckfenster. Das Auto kostete damals 300 DM, und weil ich nicht genug Geld hatte, gab ich noch ein kleines Kofferradio dazu, das ich bei einem Radrennen gewonnen hatte.

Aber zurück zur Tour auf den Großvenediger. Mein älterer Bruder Bernd brachte mich auf die Idee. Ein Freund hatte ihm von der Tour erzählt, und er war sofort begeistert gewesen. Ich vermute, dass an diesem Wochenende kein wichtiges Radrennen auf meinem Plan stand und ich deshalb zusagte. Da wir beide noch nie auf einer Skitour geschweige denn auf einem Gletscher gewesen waren, hatten wir natürlich auch nicht die entsprechende Ausrüstung. Ich war zwar damals schon ein begeisterter und auch sehr guter Skifahrer, hatte aber natürlich keine Tourenskier, sondern nur die damals üblichen über zwei Meter langen Riesenslalombretter mit einer sogenannten *Marker*-Langriemenbindung. Wie der Name schon verrät, wurde der Schuh mit einem langen Lederriemen auf dem Ski festgebunden. Daher konnte man die Ferse keinen Millimeter vom Ski abheben, was natürlich für eine Skitour nicht besonders geeignet oder besser gesagt eigentlich völlig unmöglich war. Dazu hatte ich extrem steife und hohe Skistiefel für Abfahrten auf der Piste. Auch die Stiefel musste man natürlich noch schnüren, denn Schnallenstiefel waren ja damals noch nicht erfunden. Als Steigfelle hatten wir uns ziemlich räudige Plüschfelle organisiert, die ursprünglich von der Bundeswehr stammten. Geeignete Kleidung dachten wir immerhin genügend zu besitzen, da wir ja im Winter viel beim Skifahren waren.

Ein Auto hatten wir aber keins. Also begeisterten wir noch unseren Cousin Manfred, kurz Fredi genannt, für unser Vorhaben und fuhren bald an einem wunderschönen verlängerten Wochenende im Sommer zu dritt in Fredis *Fiat 500* in Richtung Neukirchen unterhalb des Großvenedigers.

Da der übliche Parkplatz, der eigentlich für diese Tour bestimmt gewesen wäre, wegen eines Lawinenabgangs nicht erreichbar war, mussten wir unser Auto wesentlich weiter unten im Tal abstellen. Wir waren bestimmt schon eine Stunde oder noch länger marschiert, als uns ein riesiger Berg aus Eis, Bäumen und Felsen den Weg versperrte. Es war die Lawine, die vor zwei oder auch drei Jahren hier abgegangen war.

Mittlerweile hatte man schon Stufen ins Eis geschlagen und so für Wanderer eine Überquerung möglich gemacht. Wir hatten so etwas noch nie gesehen. Was für eine unheimliche Gewalt müssen diese Schneemassen gehabt haben, wenn riesige Bäume und große Felsbrocken einfach so ins Tal mitgerissen werden konnten? Angeblich kamen damals Gott sei Dank keine Menschen ums Leben.

Aber als wir auf dem weiteren Weg zum Parkplatz kamen, den wir eigentlich anfahren wollten, standen wir plötzlich vor verwitterten und rostigen Autos, für die der Weg ins Tal damals abgeschnitten und bis zu diesem Tag nicht mehr möglich gewesen war. Ein seltsamer und unheimlicher Anblick …

Ich weiß nicht mehr, wie lange wir mit unsern klobigen Skischuhen bis zur ersten Pause an der Postalm unterwegs waren, aber ich weiß noch sehr gut, dass wir den Weg als einen endlosen Schlauch empfanden. Die geübten Tourengeher hatten im Gegensatz zu uns normale Wanderschuhe, und ihre Skier und Stöcke waren links und rechts am Rucksack befestigt, was natürlich beim Laufen wesentlich bequemer war. Irgendwie passten wir nicht so richtig zu diesen Tourenprofis, was uns auch so mancher mitleidige Blick ganz deutlich zeigte. Wir sahen eher aus wie Pistenfahrer auf dem Weg vom Auto zum Lift, denn wir trugen nicht nur die klobigen Skischuhe, sondern auch unsere Skier den gesamten Weg auf der Schulter mit uns herum.

Dafür waren wir aber dank unserer Fitness ziemlich flott unterwegs und hatten so etliche Wanderer überholt, die erst an der Postalm ankamen, als wir uns bereits wieder auf den Weiterweg machten. Wir wunderten uns, dass für die anderen Leute an der Hütte die erste Etappe zu Ende zu sein schien und sie direkt hier übernachten wollten, ohne heute noch den Berg zu besteigen! Kopfschüttelnd über die vermeintlichen Waschlappen ließen wir die Hütte hinter uns und konnten es kaum erwarten, endlich die Kürsinger Hütte zu erreichen.

Aber irgendwie wollte und wollte der Aufstieg nicht enden, und schließlich mussten wir den Weg über den Gletscher auch noch auf Skiern zurücklegen. So war tatsächlich bereits die Nacht hereingebrochen, als wir mit der Hütte endlich unser Tagesziel erreicht hatten.

Nach einem deftigen Abendessen verzogen wir uns in unser Dreibettzimmer, das glücklicherweise noch frei gewesen war und es uns ersparte, im Matratzenlager zu nächtigen. Dort verpflasterten wir erst die zahlreichen Wasserblasen an unseren Füßen und verkrochen uns dann todmüde in die Betten.

Im Gastraum ging es noch wie üblich bis spät in die Nacht mit Gitarrenspiel und Gesang hoch her. Aber wir hätten sowieso nicht dazugepasst, denn keiner von uns kannte die üblichen Berg- und Wanderlieder, und wir hätten sie demzufolge auch nicht mitgrölen können.

Als wir am nächsten Tag einigermaßen gut ausgeschlafen zum Frühstück kamen, waren wir im Gastraum allein. Wir dachten zunächst, dass wir die Ersten waren und alle anderen noch schlafen würden. Zu unserem Erstaunen erfuhren wir aber vom Hüttenwirt, dass genau das Gegenteil der Fall war und alle anderen Gäste bereits schon im Morgengrauen aufgebrochen waren.

Als wir unsere Route in das sogenannte Tourenbuch eingetragen hatten und der Wirt las, dass wir um diese Zeit noch auf den Großvenediger wollten, schüttelte er nur fassungslos den Kopf.

Heute, nachdem ich in den nächsten Jahren noch oft beim Enzmann Christian auf der Hütte war, kann ich mir lebhaft vorstellen, was er in diesem Augenblick für eine Meinung von uns hatte. Keine hohe auf jeden Fall.

Bei herrlichem Sonnenschein zwängten wir also ohne große Eile unsere geschundenen und verpflasterten Füße in die Schuhe. Nachdem wir vor der Hütte erst ein Stück abgefahren waren, montierten wir die Felle an unsere Skier und marschierten bergauf los.

In bester Laune folgten wir den gut sichtbaren und schon leicht angetauten Spuren der Frühaufsteher und konnten nicht so richtig verstehen, warum man bei so schönem Wetter bereits in der Nacht zu dieser wunderschönen Tour aufbrechen muss. Noch erstaunter waren wir darüber, dass uns ungefähr nach einer guten Stunde Gehzeit die ersten Tourengeher bereits wieder entgegenkamen. Während wir uns noch schwitzend nach oben kämpften, genossen sie auf herrlichem Firnschnee in weiten Bögen bereits wieder die Abfahrt ins Tal zur Hütte.

Wir dagegen kämpften uns tapfer weiter bergauf. Die Sonne stand schon weit im Zenit und brannte unbarmherzig auf uns nieder. So wurde auch der Schnee immer weicher und schwieriger zu begehen, während unsere alten Steigfelle alle paar hundert Meter von den Skiern sprangen. Außerdem schmerzten meine Füße in den für eine Skitour wie gesagt völlig ungeeigneten Abfahrtsstiefeln. Aber das Schlimmste war die Langriemen-Skibindung, die den Fuß hermetisch auf den Ski fesselte. Mein Bruder und der Fredi hatten wenigstens eine Bindung, bei der man das umlaufende Seil an den hinteren Haken aushängen konnte und so wenigstens eine, wenn auch minimale Fersenfreiheit gewährleistet war. Aber auch sie hatten sehr bald enorme Fußprobleme, wobei ich inzwischen schon das Gefühl hatte, durch die vielen Wasserblasen auf lauter kleinen Kissen zu laufen.

Aufgeben kam für uns natürlich keinesfalls in Frage. Die Venedigerscharte, eine Schlüsselstelle in Richtung Gipfel, lag schließlich bereits weit hinter uns! Seltsamerweise kamen uns schon seit Stunden keine Skifahrer mehr entgegen. So erreichten wir aber dann trotzdem irgendwann am frühen Nachmittag doch noch unser Ziel und machten endlich eine wohlverdiente Pause auf dem Gipfel. Dort trafen wir auf zwei weitere junge Männer, die wohl ebenfalls die Zeit falsch eingeschätzt und darum viel zu spät auf dem Gipfel gelandet waren.

Hier oben wehte trotz des Sonnenscheins ein eiskalter Wind, und wir zogen alles an, was wir dabeihatten. Nun gut, »Alles« war bei mir eine Mütze und ein dünner, ungefütterter Plastikanorak, den ich über mein durchnässtes und verschwitztes Hemd zog. Mein Bruder hatte immerhin einen Baumwollanorak mit pelzbesetzter Kapuze, die er noch zusätzlich über seine Mütze ziehen konnte. Der Fredi aber hatte nur einen grob gestrickten Wollpullover dabei, durch den der schneidende Wind einfach hindurchpfiff, und er fror fürchterlich in den schweißfeuchten Klamotten.

Ich hatte meine Schuhe ausgezogen und versuchte nun, die Strümpfe, die bereits an den geplatzten und blutig aufgeriebenen Wasserblasen festgeklebt waren, von den Füßen zu entfernen. Dann rieb ich alles mit Schnee ab, was fürchterlich brannte und sicherlich die dümmste Idee war, die man überhaupt nur haben konnte. Da mein Cousin so entsetzlich fror und außerdem der schlechteste Skifahrer von uns war, rieten wir ihm, mit den beiden anderen einstweilen loszufahren.

Ich wollte in Ruhe meine Strümpfe und Schuhe wieder anziehen und dann mit meinem Bruder zusammen die drei so schnell wie möglich wieder einholen. Nur wer schon einmal dicke, angefrorene Wollkniestrümpfe über feuchte, blasenbewehrte und blutig geriebene Füße gezogen hat und damit in geschnürte Skistiefel schlüpfen musste, der weiß, dass das alles – vorsichtig formuliert – nicht ganz so einfach ist. Ich kann nur hoffen, dass sich unter den Lesern niemand findet, der diese Erfahrung mit mir teilt.

Mein Bruder wartete geduldig auf mich, bis ich endlich fertig angezogen war und meine Schuhe an den Skiern festgezurrt hatte. Da ich so mit meinen Tätigkeiten beschäftigt war, bemerkte ich erst gar nicht, dass die Sonne mittlerweile verschwunden war, und eh wir's uns versahen, waren wir plötzlich in eine dicke Nebeldecke eingehüllt. Kaum standen wir auf den Skiern, fuhren wir sofort los in der Hoffnung, dass sich der Nebel wieder lichten würde, sobald wir weiter ins Tal kamen. Das war leider ein Irrtum. Im Gegenteil, die Sicht wurde immer schlechter, je weiter wir bergabfuhren, und bald wehte uns ein schneidender Wind entgegen, der zudem noch reichlich Schnee mit sich führte. Bald konnten wir tatsächlich gar nicht mehr unterscheiden, wo in dieser milchigen Masse oben, unten, links oder rechts war, und ich weiß noch, dass wir einmal beide stehen blieben und durch den Schnee, der über unsere Skier geblasen wurde, beide das schwindelerzeugende Gefühl hatten, trotzdem weiterzufahren! Nur dadurch, dass ich meine Mütze vom Kopf zog und zu Boden fallen ließ, war zweifelsfrei zu erkennen, dass wir uns nicht fortbewegten! Das war mit Sicherheit eines der seltsamsten Erlebnisse meines Lebens, und ich erinnere mich sehr lebhaft an dieses fürchterliche Gefühl des völligen Kontrollverlusts.

Zu allem Überfluss war durch den plötzlichen Kälteeinbruch auch der leicht angetaute Schnee mittlerweile zu einer einzigen Eisplatte gefroren. Also beschlossen wir bald, auch zum Abfahren die Felle anzulegen und lieber notfalls mit den Stöcken etwas anzuschieben. Jedes Gefühl für Geschwindigkeit war uns längst abhandengekommen, und nur dadurch, dass sich bei jeder Schrägfahrt oder wenn ich abschwingen wollte eines meiner saublöden Steigfelle löste, konnten wir halbwegs erkennen, in welcher Richtung im Verhältnis zum Berg wir uns wohl befanden. Leider mussten wir dann aber auch immer wieder stehen bleiben, um das Fell gemeinsam wieder anzubringen, und ich merkte schnell, wie die Kälte unter meine Nylonjacke und in mein schweißnasses Hemd kroch.

Als es dann ganz plötzlich nicht mehr bergab, sondern seltsamerweise bergauf ging, wussten wir, dass wir auch noch von der richtigen Route abgekommen sein mussten.

Wir hatten vollkommen die Orientierung verloren und absolut keine Ahnung mehr, aus welcher Himmelsrichtung wir gekommen waren oder in welche wir weiterfahren sollten.

In unserer Verzweiflung beschlossen wir, einfach umzudrehen und wieder den *Weg in Richtung Gipfel zurück* zu gehen! Das war nun mal die einzige Richtung, bei der wir mit einem Rest von Gewissheit sagen konnten, wo es langging: bergauf!

Mit neuem Mut stapften wir also los, immer entgegen der spürbaren Steigung. Müdigkeit und Schmerzen hatten wir durch die schleichende Aufregung vorübergehend ausgeblendet.

Ich kann nicht mehr sagen, wie lange wir unterwegs waren, als sich das Gelände plötzlich senkte und wir feststellten, dass es ab hier offensichtlich wieder bergab ging. Somit gab es nun nur zwei Möglichkeiten: Entweder wir hatten versehentlich den Gipfel überschritten, oder wir waren jetzt tatsächlich auf dem richtigen Weg zur Venedigerscharte …

Immer noch die Felle an den Skiern, fuhren wir also abermals talwärts. Plötzlich löste sich erneut eins meiner Felle, und ich blieb fluchend stehen.
Nach der gefühlt hunderttausendsten nochmaligen Befestigung der verfluchten Dinger wollte ich gerade weiterfahren, als mein Bruder mich mit einem abrupten Schlag gegen die Brust zum Anhalten zwang. Mit der anderen Hand deutete er vor uns auf den Boden, und ich erkannte, dass die Spitzen unserer Skier über einen tiefschwarzen Abgrund ragten, in den wir unweigerlich in den Tod gestürzt wären, wenn sich nicht genau im richtigen Moment mal wieder meine Steigfelle gelöst hätten.

Mein Herz schlug bis hinauf in die Ohren, und uns war beiden klar, dass wir viel vorsichtiger sein mussten, als wir bis jetzt vermutet hatten. Also zog ich das Zugband aus meinem Rucksack heraus, und wir banden uns jeweils ein Ende um das Handgelenk, um wenigstens etwas Sicherheit zu verspüren. Dass uns diese Verbindung in einem Fall wie dem obigen wohl beide in den Abgrund gerissen hätte, kam uns nicht in den Sinn.

Immerhin war uns nun klar, dass wir versehentlich genau in die entgegengesetzte Richtung gefahren waren. Wenn wir nun entlang des Abgrunds bergab fahren würden, mussten wir unweigerlich zur Venedigerscharte gelangen. Wenn wir dann rechts abbogen, konnten wir über die einzig mögliche Abfahrt endlich wieder die Hütte erreichen. Dachten wir …

Völlig entgegen unserer Erwartung ging es nämlich bald erst ganz leicht, dann aber immer steiler bergauf. Ganz klar, wir waren wieder falsch! Da es mittlerweile schon dunkel und erstaunlicherweise *noch* kälter geworden war, beschlossen wir schließlich, in unserer Verzweiflung einfach die Skier als Spaten zu verwenden und damit eine entsprechend große Höhle zu graben. Darin wollten wir ganz nach Art der Eskimos einfach abwarten, bis es wieder hell wurde, um dann zweifelsfrei erkennen zu können, wo zum Teufel wir eigentlich waren. Wir machten uns sofort an die Arbeit. Allerdings nicht sonderlich lange: Unser großartiger Plan scheiterte kläglich, denn die Schneedecke war viel zu hart gefroren, um auch nur ein Loch graben zu können, das tiefer lag als eine Handbreit.

Ich gebe es wirklich ungern zu, aber nun wussten wir wirklich nicht mehr, was wir noch tun sollten, um die Nacht zu überleben. Der eisige Wind setzte uns fürchterlich zu, bald konnten wir kaum mehr sprechen und nur noch nuscheln, weil die Lippen mehr und mehr den Dienst versagten, und auch unsere feuchte Kleidung wurde immer steifer, je weniger wir uns bewegten. Dazu die Schmerzen in allen Gliedern und die verwirrenden Blicke in die uns umgebende milchige Nebelsuppe ohne jegliche Orientierungsmöglichkeit …

Noch nie hatte ich so eine Verzweiflung gespürt. Das Schlimmste war für mich die Gewissheit, der Situation völlig ohnmächtig gegenüberzustehen. Solange ich den Funken einer Idee habe, was ich als Nächstes tun kann, um alles doch noch heil zu überstehen, bin ich nicht zu bremsen und laufe gerne auch mal zu Höchstformen auf. Dies ist eine Eigenschaft, die an meinen vielen Erfolgen insbesondere im Radsport nicht unwesentlich beteiligt war. Auch bei diversen gefährlichen Situationen in unseren späteren familiären Campingurlauben kam mir diese Fähigkeit oder besser Eigenart oft sehr gelegen. Doch in diesem Moment da oben irgendwo auf dem Gletscher wurde mir schlagartig klar, dass uns keine noch so brillante Idee mehr retten konnte. Es war vorbei.

So saßen wir nebeneinander, zitterten erbärmlich und spürten, wie unsere Kleidung immer mehr gefror und die Kälte bis in unser Innerstes kroch, um jedes letzte Quäntchen Wärme zu ersticken. Da hörte ich neben mir meinen Bruder nuscheln: »Wenn wir hier lebend runterkommen, machen wir eine Wallfahrt nach Altötting.«

Ergriffen von diesem plötzlichen Gedanken an Gott in der Höh gaben wir uns die Hand drauf: Ja, wenn wir dieses Abenteuer tatsächlich überlebten, würden wir von München nach Altötting pilgern und so unsere Dankbarkeit zeigen …

Wir verstummten, und ich weiß noch gut, dass wir beide unsere Hände nicht losließen und dabei stumm den Blick in den nebligen Himmel richteten, in der Hoffnung auf irgendein Zeichen ...

Doch dann geschah etwas, was mich auch heute noch in einen seltsam aufgeregten Zustand versetzt, wenn ich nur daran denke: Ein Ereignis, das angesichts der Situation, in der wir uns befanden, so durch und durch beeindruckend war, dass mich bei der Erinnerung ein wahrer Schauer durchfährt. Denn plötzlich rief mein Bruder: »Ein Stern! Da ist ein STERN!«

Zitternd vor Aufregung und Kälte deutete er schräg nach oben, und ich traute meinen Augen nicht! Tatsächlich klaffte über uns ein Loch in der Nebelwand und über uns glitzerte klar und deutlich ein heller Stern vom schwarzen Nachthimmel auf uns herunter!
Innerhalb der nächsten Minuten riss der Wind plötzlich viele Löcher in die Nebelwand, und schnell war der Himmel über uns übersät mit unzähligen funkelnden Sternen!
Genauso schnell, wie der Nebel über uns hereingebrochen war, hatte er sich wieder verzogen – für uns in diesem Moment wie ein echtes Wunder ...

Da standen wir nun irgendwo auf dem nächtlichen Gletscher, jubelten, fielen uns überglücklich in die Arme und sprangen dabei vor Freude im Kreis.

Da erkannte ich etwas weiter unten am Hang und deutete mit einem Ausruf des Erstaunens nach unten: Klar und deutlich waren dort Lichter zu sehen, die sich zu bewegen schienen! Tatsächlich handelte es sich um einen Suchtrupp, den der Hüttenwirt gestartet hatte, nachdem mein Cousin Fredi ohne uns zurückgekehrt war, und was wir sahen, waren ihre Laternen. Wir waren tatsächlich gerettet.

Als wir schließlich aufgewärmt und mit verbundenen Füßen dem Hüttenwirt unsere Irrfahrt schilderten, sah er uns zunächst lange und auch recht mitleidig an. Erst dann seufzte er und erklärte uns, dass wir sogar noch viel mehr Glück gehabt hatten, als uns zunächst klar gewesen war. Denn exakt an dieser Kante zu dem Abgrund, an dem wir uns befunden hatten, als der Nebel aufriss und der Suchtrupp uns fand, waren im Jahr zuvor ein paar Skifahrer tödlich verunglückt. Aber nicht etwa, weil sie im Nebel in den Abgrund gefahren waren, sondern weil zu diesem Zeitpunkt der Schnee eben nicht gefroren gewesen war und sie darum durch den Überhang gebrochen und in die Tiefe gestürzt waren. »Überhang?«, wiederholte ich fragend, und der Wirt sah uns an, als wären wir noch blöder, als er es uns eh schon unterstellte. Nachdem er noch einmal geseufzt und dann die Augen verdreht hatte über so viel Unwissen, erklärte er uns unter Zuhilfenahme seiner Hände und eines Bierdeckels, dass der Wind entlang des Abgrunds eine sogenannte Schneewechte produzierte, die ein Stück weit über die Tiefe hinausragte. Diese war nur bei entsprechenden Minusgraden so stabil, dass sie zwei Menschen tragen konnte. Sobald der kalte Wind nachließ oder gar die Morgensonne daraufschien, taute das Eis, und so waren die armen Teufel im letzten Jahr durch die Schneewechte hindurchgebrochen und viele hundert Meter in die Tiefe gestützt. Dieses Schicksal hätte auch uns unweigerlich geblüht, wenn wir noch länger als eine Stunde an diesem Ort verbracht hätten. Mir rutschte nachträglich das Herz so tief in die Hose, dass ich glaubte, es in den Kniescheiben schlagen zu hören. Ich schaute meinen Bruder an, und wir dachten exakt das Gleiche: Wir zwei Deppen hatten auch noch versucht, uns in diese Schneewechte *einzugraben* ...

Da lachte der Wirt und löste uns so aus der Starre der jähen Erkenntnis. Er stand auf, klopfte uns beiden kräftig auf die Schultern und erklärte, dass wir in den zwei Tagen an so viel Erfahrung reicher geworden wären wie andere in mehreren Jahren nicht. Da hatte er definitiv recht.

Ich dachte auch am nächsten Tag noch einmal an diesen Satz zurück, denn ich hatte am Morgen festgestellt, dass ich im Gesicht fast genauso viele eiterige Brandblasen hatte wie Wasserblasen unten an den Füßen. So hatte ich noch etwas Wichtiges dazugelernt: Man muss auch bei Nebel im Hochgebirge Sonnenschutz verwenden, da die feinen Wassertröpfchen in der Luft die Sonnenstrahlen reflektieren und dadurch noch verstärken.

In den nächsten Jahren machte ich noch oft diese herrliche Tour zur Kürsinger Hütte am Großvenediger. Allerdings war ich da bis an die Zähne ausgerüstet, und dank meiner schmerzvoll gesammelten Erfahrung fiel ich unter den professionellen Tourengehern kaum noch auf.

Ach ja, mein Bruder und ich lösten natürlich unser Versprechen ein: Selbstverständlich machten wir uns sehr bald auf zu der versprochenen Wallfahrt nach Altötting – allerdings nicht zu Fuß, sondern auf unseren Rennrädern ...

Ich hoffe, dass uns das der fraglos bayerische Petrus an der Himmelspforte mit einem Schmunzeln und einem heimlichen Blinzeln durchgehen lässt, denn genau genommen haben wir unser Gelübde ja erfüllt. Schließlich hatten wir ja nur versprochen, *dass* und nicht explizit *wie* wir die Strecke bewältigen würden. Damals wie heute vertraue ich drauf, dass auch im Himmel da droben ein Funken von Resthumor besteht. Denn was bitte wäre das denn für ein Paradies, ohne Humor?

Eben.

... sonst bring i di um

Von Werner Krappweis

Im Olympiajahr 1972 war ich mit meiner damaligen Frau und Mutter meiner beiden Kinder Tommy und Nico in eine von der Post bezuschusste und daher preisgünstige Neubauwohnung in München-Neuperlach gezogen. Da in diesem achtstöckigen Wohnblock 23 Parteien wohnten, waren natürlich die Kellerabteile entsprechend klein und nur durch Lattenroste voneinander getrennt. Außerdem reichten die Holzlatten nur bis 40 Zentimeter unter die Decke, so dass man ohne weiteres hätte oben drüber in das Abteil hineinklettern können. Zum Abschließen der Türen gab es nur windige Blechscharniere, die ganz primitiv an das Holz genagelt waren. Eigentlich konnte man sich das Drüberklettern sparen, wenn man einfach mit einem mittelkräftigen Ruck die Latten aus den Nägeln riss oder die Tür aus der aufgesteckten Angel hob.

Allerdings gelangte man zum gesamten Kellerbereich nur durch eine feuersichere, eiserne Eingangstür, die man natürlich absperren konnte. Somit war der Keller nur für die Hausbewohner begehbar – und jeden anderen, der einen Schlüssel zu dieser Tür hatte ...

Trotzdem dauerte es nicht sehr lang, da beschwerte sich die erste Bewohnerin, dass ihr Kellerabteil aufgebrochen und alle

Gläser mit eingemachtem Obst und Marmelade geklaut worden wären. Das war natürlich höchst bedauerlich, aber da ich in meinem Abteil zwei wertvolle Straßenrennräder, ein Zeitfahrrad, zwei Mountainbikes, ein Bahnrennrad und zusätzlich noch ein Rad, mit dem ich täglich zur Arbeit fuhr, stehen hatte, bekam ich natürlich sofort Panik. Also machte ich mich daran, mein Kellerabteil so weit wie möglich einbruchsicher zu machen.

Als Erstes besorgte ich mir anstatt der billigen Blechscharniere an Tür und Schloss bessere aus hochwertigem Stahl. Die Nägel ersetzte ich durch Schrauben, die auf der Innenseite mit großen Beilagscheiben und Muttern gesichert und verklebt waren. Außerdem wurden die Befestigungsschrauben beim Verschließen vom neuen Scharnier nun so verdeckt, dass man sie von außen nicht aufschrauben konnte. Dazu bekam ich noch ein einbruchsicheres Vorhängeschloss mit Doppelbartschlüssel von einem ausgemusterten Geldtransportwagen der Post.

Die Türscharniere schraubte ich ebenfalls mit durchgehenden Schrauben an und befestigte oben einen Hartholzklotz, so dass man die Tür nicht einfach so aus den Angeln heben konnte.

So war ich der Meinung, mein Kellerabteil wäre nun weitgehend einbruchsicher. Weit gefehlt.

Denn als ich eines Morgens das Vorhängeschloss aufsperren wollte, um mit meinem Rad zur Arbeit zu fahren, bemerkte ich, dass das Schloss total ölig und meine Finger richtig verschmiert waren. Ich konnte mir daraus erst keinen Reim machen. Mittlerweile weiß ich natürlich, dass jemand das Schloss geölt hatte, um es möglicherweise mit einem Dietrich zu öffnen und so in den Keller einzubrechen. Dass das bei diesem Schloss wenn nicht unmöglich, dann zumindest sehr schwer machbar war, sprach für die Sicherheit der posteigenen Geldtransporter. Anscheinend hatte wer auch immer dann auch beschlossen, es nicht weiter mit dem Schloss zu versuchen, denn ein paar Tage später entdeckte ich auch an dem Schlossscharnier Spuren, die eindeutig von einer Eisensäge stammten, was bei dem hochwertigen Edelstahl natürlich ein sinnloses Unterfangen war. Bislang hatte meine Festung also der Eroberung widerstanden, aber nach zwei offensichtlichen Einbruchsversuchen war ich selbstverständlich trotzdem sehr beunruhigt.

Ich wusste ja nun, dass sich jemand mehrmals die Mühe gemacht hatte, mein Kellerabteil aufzubrechen. Ich schaute zwar von nun an bei jeder Gelegenheit in den Keller, konnte aber in den kommenden Wochen nichts Verdächtiges mehr feststellen. Also hoffte ich, dass es derjenige nach seinen offensichtlichen Fehlschlägen endlich aufgegeben hatte. Sicher war ich mir natürlich nicht, und das aus gutem Grund, wie sich bald herausstellen sollte.

Nun hatte ich als Trainer des Radsportvereins *RV Sturmvogel München* jeden Mittwoch am Abend um 19 Uhr mit meinen Jugendfahrern Bahntraining im Olympiapark.

Als ich an einem späten Mittwochnachmittag meinen Keller aufsperren wollte, um mein Bahnrad aus dem Keller zu holen, bemerkte ich, dass das Vorhängeschloss zwar noch verschlossen war, das Scharnier aber lose in den Löchern steckte. Ich öffnete den Keller und stellte fest, dass tatsächlich irgendjemand oben über die Tür in mein Abteil geklettert war und von innen die Muttern der Schrauben vom

Scharnier entfernt hatte. Dazu benutzte er auch noch mein eigenes Werkzeug! Das erkannte ich daran, dass er Zangen, Schraubenzieher und Seitenschneider danach fein säuberlich auf die Werkbank gelegt hatte. Na vielen Dank. Die losen Schrauben hatte er allerdings wieder so in die Löcher gesteckt, dass man es von außen nicht sehen konnte. Wäre ich nur vorbeigegangen, hätte ich das überhaupt nicht bemerkt.

So sah ich aber sofort, dass mehrere Reifen, Schläuche, die Luftpumpen und andere Kleinteile geklaut waren, aber es fehlte wenigstens keines der sieben Räder. Denn die hatte er unmöglich über das hohe Holzgitter wuchten können. Da ich aber dringend pünktlich zum Training auf der Radrennbahn sein musste, nahm ich nur schnell ein Fahrradschloss und versperrte damit notdürftig die Kellertür.

Als ich gegen 22:30 Uhr vom Training zurückkam, war alles noch genau so, wie ich es verlassen hatte. Ich konnte in der Nacht nicht mehr viel ausrichten, also nahm ich nur noch ein zweites, längeres Kabelschloss und wickelte das noch zusätzlich um Tür und Eckpfosten, wohl wissend, dass das auch für einen weniger geübten Einbrecher kein großes Hindernis sein würde.

Gegen ein Uhr nachts wälzte ich mich in meinem Bett immer noch unruhig hin und her. Die Sorge um meine Räder trieb mich um und gleichzeitig eine ziemliche Wut auf die Dreistigkeit, mit der der oder die Einbrecher zu Werke gegangen waren.

Da meine Frau merkte, dass ich mir Sorgen machte und deshalb nicht schlafen konnte, meinte sie: »Jetzt gehe halt einfach in den Keller und bringe alles, was dir wichtig ist, herauf in die Wohnung.«

Ich fand das eine gute Idee, also stand ich auf, zog mir eine Hose an, holte den Schlüssel aus dem Schlüsselkästchen und ... einer seltsamen Ahnung folgend, steckte ich für alle Fälle noch ein Hundeabwehrspray mit ein, das ich beim Radtraining auf der Straße immer dabeihatte, aber bislang noch nie einsetzen musste.

Also trat ich aus der Wohnung, machte im Hausflur Licht und fuhr mit dem Lift vom vierten Stock in den Keller. Hätte ich ein bisschen mehr nachgedacht, wäre ich möglichst leise zu Fuß hinuntergeschlichen, denn den Aufzug hörte man leider im ganzen Haus und ganz besonders unten im Keller ...

Unten angekommen, sah ich sofort, dass die Feuerschutztür, die ich ja vor drei Stunden sorgfältig zugesperrt hatte, einen Spaltweit offen stand! Mir war sofort klar: Jemand ist nachts um halb zwei in unserem Keller!

Urplötzlich flammte in mir eine unbändige Wut auf! Ich trat mit aller Gewalt mit dem rechten Bein die Tür auf und rief mit einer Stimme wie Donnerhall in den langen Kellergang: »Hob i di, du Drecksau!«

Seltsamerweise donnerte die Tür nicht wie erwartet gegen die seitliche Wand. Stattdessen machte es BONK und sie federte nur ein wenig zurück. Das lag ziemlich sicher an dem Einbrecher direkt hinter der Tür, der den gesamten Aufprall aufgefangen hatte und nun am Rande der Bewusstlosigkeit an der Wand lehnte. Er hatte den Aufzug gehört, war schnell zur Tür geschlichen, um zu lauschen, ob möglicherweise jemand kommen würde. Dass jemand nicht nur kam, sondern mit der geballten Kraft eines Radrennfahrers gegen die Tür treten würde, hatte ihn wohl sehr überrascht.

Ich packte den jungen Mann am Kragen und drehte diesen zu wie einen Schraubstock. Als er versuchte, sich zu lösen, donnerte ich ihn einmal mit Schulter und Schädel gegen die rauhe Betonwand. Dann erinnerte ich mich an das Pfefferspray und deckte ihn mit einer großzügigen Lage zu, bis ich selbst das Jucken im Gesicht verspürte und befand, dass es nun wohl genug war.

Dann zog ich ihn sehr nah zu mir, hob ihn dabei ein bisschen an und sprach nun plötzlich sehr ruhig und dadurch besonders eindringlich: »Wenn du dich jetzt wehrst ... bring ich dich um.«

Der junge, drahtige Mann wagte nicht, sich zu bewegen, rang nur nach Luft und starrte mich blinzelnd aus knallroten Augen an.

Ich hatte plötzlich das Gefühl, den Zustand meines Kellers in Augenschein nehmen zu wollen. Also zog ich den Einbrecher an meiner hermetisch verriegelten Hand einfach hinter mir her und ging forschen Schrittes den Gang hinunter und nach rechts, wo mein Keller lag. Was ich sah, bestätigte meinen Verdacht, und im Nachhinein bin ich schon froh darüber, denn man stelle sich vor, wenn ich aus Versehen einen neuen Mitbewohner rammdösig geschlagen und mit Pfefferspray eingedeckt hätte.

Ich sah sofort eine große Taschenlampe, ein Brecheisen und noch weiteres Werkzeug vor meinem Abteil liegen. Neben der Tür waren bereits drei Holzlatten herausgerissen, durch die er wohl in das Abteil einbrechen wollte, nachdem ja die Tür überraschenderweise wieder doppelt versperrt war.

Allerdings hatte er auch hier schnell bemerkt, dass dieser Weg nicht zum Erfolg führen würde, da auf der Innenseite ein Schrank stand.

Fassungslos vor Wut über so viel Dreistigkeit knirschte ich mit den Zähnen und schnaubte hörbar durch die Nase wie ein wilder Stier. Als ich in dem Moment spürte, wie sich der Kerl in meinem Griff hin und her wand, zückte ich abermals das Pfefferspray und sprühte ohne hinzusehen eine weitere Ladung in seine Richtung. Ein leises Wimmern genügte mir als Signal, dass ich perfekt getroffen hatte.

Aber was nun? Ich hatte damals noch kein Mobiltelefon und stand mit einem dringend Tatverdächtigen mitten am Ort des Verbrechens, ohne Möglichkeit, die Polizei zu rufen oder den Einbrecher hier unten irgendwie dingfest machen zu können. Ich überlegte kurz und entschied mich dann für die pragmatischste Lösung: Musste er eben mit nach oben kommen.

So drehte ich den Kragen noch einmal etwas fester zu und schleppte ihn mit mir den Gang entlang, die Kellertreppe hoch und in den Aufzug. Dort fuhr ich schweigend mit ihm in den vierten Stock und klingelte an meiner eigenen Haustür. Meine Frau Renate öffnete im Schlafanzug die Tür und erschrak natürlich, als ich ihr einsilbig den Einbrecher als selbigen vorstellte und darum bat, die Polizei anzurufen.

Kurz nachdem ich wieder unten im Erdgeschoss angelangt war, kam auch schon die Polizei, und die Beamten banden den Einbrecher mit dicken Kabelbindern an eine Betonsäule vor der Haustür fest. Kurz darauf kam auch meine Frau nach unten, ebenfalls bewaffnet mit Pfefferspray, um mich wenn nötig bis zum Eintreffen der Polizei noch zu unterstützen. Das fand ich wirklich großartig und mutig von ihr.

Nachdem die Beamten den Tatbestand festgestellt hatten, stellte sich bei der Befragung des Täters heraus, dass er bei der Aufzugfirma beschäftigt war, die in unserem Wohnblock die Aufzüge wartete, und daher Schlüssel für alle Kellereingänge besaß. Den Lieferwagen seiner Firma hatte er bereits mit offener Schiebetür vor dem Haus geparkt, um die geklauten Räder schnellstens zu verladen. Nachdem die Polizisten den Täter auf die Wache mitgenommen hatten, war natürlich an Schlaf nicht mehr zu denken. Außerdem brannten meine Augen von dem elenden Pfefferspray, und ich bekam eine leise Ahnung davon, wie sich wohl der Mann fühlen musste, den ich damit mehrfach großzügig bedacht hatte …

Am nächsten Morgen machte ich mich gleich daran, meinen Keller so weit wie möglich einbruchsicher zu machen. Das Aufmauern mit Ziegelstein wurde mir leider von der Hausverwaltung untersagt, also befestigte ich alle Latten und auch das Stahlscharnier vom Schloss mit dicken Holzschrauben und schliff von außen die Schraubenköpfe so weit ab, bis die Schlitze für den Schraubenzieher verschwunden waren. Außerdem verkleidete ich die Kellerlatten von innen bis zur Decke mit dicken Holzplatten, so dass man auch nicht mehr darübersteigen konnte, sicherte die Tür mit zwei Schlössern und schlug am Ende noch von außen Nägel durch die Latten, die ins Innere ragten, so dass man diese nicht gefahrlos umfassen konnte, etwa um sie mit roher Gewalt herauszureißen. Ich überlegte, ob ich vielleicht oberhalb der Tür noch eine Platte mit Klappscharnier befestigen sollte, auf die ich einen Eimer mit Nägeln und altem Werkzeug stellen konnte, die jedem, der den Keller unbefugt betrat, den Schädel zertrümmern würde. Doch dann hatte ich doch Sorge, dass ich diese arg brutale Form der Diebstahlsicherung vielleicht selbst einmal vergessen würde oder am Ende meine Frau vielleicht eine Luftpumpe aus dem Keller holen und sich unversehens unter einem 60 Kilo schweren Eimer wiederfinden würde.

Als ich trotz all dieser Maßnahmen immer wieder Alpträume davon hatte, jemand würde meine wertvollen Räder klauen und triumphierend mit einem Transporter voller Diebesgut an mir vorbeifahren, gewöhnte ich mir an, bei jeder Gelegenheit kurz nachzusehen, ob im Keller alles seine Ordnung hatte.

Und tatsächlich: Nur wenige Wochen später stellte ich erschrocken fest, dass jemand in die nun vollständig verkleidete Kellertür ein Loch geschnitten hatte – vermutlich um zu schauen, ob die Räder noch im Keller waren.

Daraufhin hat mir mein Sohn Nico eine Warnanlage eingebaut, die bei unberechtigtem Öffnen der Tür so irrsinnig laut losjault, dass das ganze Haus hochschreckt, gleichzeitig mich, meine Frau und Nico am Handy anruft und auf allen Displays das Wort »Kelleralarm« anzeigt. Zusätzlich läutet auch noch das Festnetztelefon.

Das Loch in der Tür habe ich mittlerweile von innen verschlossen und außen ein Schild mit der Aufschrift »Achtung Alarmanlage« angebracht. Mehr ist kaum möglich, außer ich verlege mein Bett in den Keller, und das geht mir dann doch einen Schritt zu weit. Seitdem habe ich aber Ruhe, und es hat in den letzten Jahren keiner mehr versucht, sich Zutritt zu meinem Kellerabteil zu verschaffen – oder zumindest hab ich davon nichts mitbekommen.

Übrigens: Ich war sehr erstaunt, als ich drei Wochen nach dem Vorfall einen Strafbefehl der Staatsanwaltschaft wegen Körperverletzung bekam, der aber nach meiner Schilderung des Hergangs und nach Rücksprache mit der Polizei wieder zurückgenommen wurde.

Dafür aber wurde der Einbrecher freigesprochen, weil er im Moment seiner Verhaftung kein Diebesgut bei sich gehabt hatte und ihm daher der Einbruch nicht nachgewiesen werden konnte. Vor Gericht hatte er doch glatt behauptet, er hätte am Vortag bei einer Aufzugreparatur Werkzeug im Keller vergessen, das er »nur noch schnell holen« wollte. Warum er das mitten in der Nacht und ausgerechnet vor meinem Kellerabteil, das mit dem Aufzug überhaupt nichts zu tun hat, machen wollte und was ihn dann dazu bewog, die Latten meiner Kellertür abzureißen, wird wohl für immer ein Mysterium bleiben. Drecksau, die.

Erst mal die Fallschule

Von Tommy Krappweis

Ich hatte die vier Jahre Grundschule recht behütet und mit dem Wissen von heute auch erfolgreich hinter mich gebracht. Damals galt ich als einer der schlechtesten Schüler, zumindest auf den Unterricht bezogen. Wenn es aber um das ging, was nicht explizit zum Lehrplan gehörte, war ich kaum zu bremsen: Ich hatte in der zweiten Klasse mit dem Sketch *Im zoologischen Garten* von Karl Valentin meine erste Rolle gespielt, dann ein Jahr später die Geschichte *Pumuckl und die Grippetabletten* auf der heimischen Schreibmaschine zum Theaterstück umgetippt und mit mir selbst in der rothaarigen wie kurzbehosten Titelrolle aufgeführt. Außerdem animierte ich andere aufs enervierendste dazu, mit mir Filme zu drehen – egal, ob in Stop-Motion-Technik mit Einzelbildanimation oder mit tatsächlichen Actionszenen auf den umliegenden Spielplätzen. Meine Grundschule war nur drei kindliche Gehminuten entfernt, man musste nicht einmal eine Straße überqueren. Außerdem waren die Lehrer nett und bis auf eine Ausnahme nicht weiter psychopathisch veranlagt. Nicht alles, aber vieles änderte sich mit meinem Wechsel zur sogenannten »Orientierungsstufe« …

An meinem ersten Tag in der neuen Schule, die es nun per U-Bahn oder Bus zu erreichen galt, fand ich mich in dem gigantischen *Schulzentrum Neuperlach-Nord* wieder. Ein fürchterlicher Betonklotz, randvoll mit Schülern eines Gymnasiums, einer Realschule und besagten zwei Jahrgängen Orientierungsstufe.

Ich werde nie vergessen, wie ich vor den endlosen Listen stand, auf denen unsere Namen unter den jeweiligen Klassenräumen verzeichnet waren, und fieberhaft nach dem meinigen suchte. Eine Klasse nach der anderen zog mit der jeweiligen Klassenleitung ab, und ich war immer noch nicht mit allen Listen durch und bekam langsam richtig Panik. Urplötzlich verlor ich den Boden unter den Füßen, wurde herumgedreht und landete schmerzhaft auf den Knien. Zwei große Jungs sahen mich kalt grinsend an und erklärten: »So, du kommst jetzt zum Rektor!« Dann packten sie mich links und rechts an den Oberarmen und schleiften mich quer durch das riesige Gebäude, Gänge entlang, Treppen rauf und runter, bis sie mich nach einer gefühlten Ewigkeit einfach irgendwo in eine Ecke schubsten, meinen Schulranzen über mir ausleerten und lachend davongingen.

Ich hatte keine Ahnung, wo ich war, wo ich hinsollte oder was ich nun tun konnte. Ich weiß nur noch, dass ich irgendwann in meiner Panik anfing, an Klassenzimmertüren zu klopfen und zu fragen, wo ich hinsollte, und erinnere mich noch an das Gelächter, das mir jedes Mal entgegenschwoll. Wie ich meine Klasse fand, weiß ich nicht mehr. Auf jeden Fall war das ein Einstand wie eine eiskalte Dusche, und ich war urplötzlich in einer Realität angekommen, in der es Arschlöcher gab – und nicht zu wenige.

Als wären die Deppen im eigenen Schulgebäude nicht schon genug gewesen, bekamen sie täglich zu den Pausenzeiten auch noch Verstärkung: Die Hauptschule direkt gegenüber war durch eine betonklotzige Brücke mit unserem Gebäude verbunden, und anscheinend war das Angebot unseres Pausenstands um so viel ansprechender, so dass in jeder Pause eine große Traube Schüler zu uns herüberschwappte. Ohne ein Wort wurden dann die Kleinsten einfach aus der Schlange am Stand gerupft, um deren Platz einzunehmen. Wer sich dagegen wehrte oder auch nur ein Geräusch machte, das klang, als wäre man nicht voll des Glücks, für einen der »Großen« das Feld räumen zu dürfen, der bekam aufs Maul.

Wer mir jetzt vorwerfen will, dass ich alle Hauptschüler über einen Kamm schere, dem bestätige ich hiermit liebend gerne, dass natürlich nicht alle Hauptschüler so sind oder so waren. Aber die, die uns aus der Schlange rissen und in den Rücken traten, die waren so. Und die waren scheiße.

Interessant auch, dass wir alle bis zur fünften Klasse überhaupt kein Empfinden für unsere unterschiedliche Herkunft hatten. Ich hatte gute Freunde mit Namen Ralf, Eray, Turhan, Torsten, Norbert, Frankie und Ertunç.

Die Nationalität der Kumpels war uns allen herzlich egal – nur manchen Eltern und auch manchen Lehrern leider nicht. Und so versuchte man uns plötzlich klarzumachen, dass wir gefälligst alle anders zu sein hatten. Die traditionalistisch-konservativeren unter den türkischen Familien klärten ihre Jungs darüber auf, wie überlegen sie uns seien und dass sie ihre Schwestern notfalls mit der Faust gegen uns schützen müssten. Auf der anderen Seite hatten wir im ersten Halbjahr zum Beispiel einen Sportlehrer namens Bächle, der meinen Freund Eray immer als »Türkenkönig« bezeichnete und ihn grundsätzlich alle Übungen zuerst vormachen ließ. Dabei sparte er nicht mit Spott und Sprüchen, dass er damit in seinem Harem wohl kaum punkten würde, und ähnlichem rassistischem Mist. Das ging uns kleinen Pimpfen allerdings so gegen den Strich, dass sich schließlich eine Abordnung Zehnjähriger auf den Weg zum Rektor machte, wo wir uns über Herrn Bächle beschwerten. Es kostete uns eine Menge Überwindung, überhaupt am Sekretariat zu klopfen, aber der Schulleiter nahm unsere Beschwerde ernst, und nach ein paar weiteren Nachforschungen in anderen Klassen, die ähnliches zutage förderten, war Herr Bächle plötzlich verschwunden.

Das traf leider nicht auf Mezil zu, der sich für mich zu einer Art Erzfeind mauserte. Das erste Mal polierte er mir die Fresse, weil ich es gewagt hatte, am Bahnsteig in der U-Bahn herumzustehen. Das zweite Mal polierte er mir die Fresse, weil ich vor ihm durch eine Tür getreten war, und das dritte Mal polierte er mir die Fresse, weil es mich gab.

Leider war es völlig unmöglich, sich gegen Mezils Übergriffe zu wehren, weil er schon in diesen jungen Jahren erfolgreich Taekwondo praktizierte, dabei angeblich schon zu einigem Erfolg gelangt war und niemals zögerte, kleinere Jungs mit einem gepflegten Roundhouse-Kick über die Gänge zu fegen. Als er mir aber das vierte Mal die Fresse polierte und unter dem Gejohle seiner Gang aus Getreuen meinen Ranzen auf die Gleise der U-Bahn leerte, schwor ich mir, dass ich mich irgendwie rächen würde – und wenn es bedeutete, dafür ein weiteres Mal die Fresse poliert zu bekommen. Da dies unweigerlich sowieso wieder passieren würde, ob ich mich wehrte oder nicht, war die Rechnung auch für mich Mathematikversager einfach zu begleichen.

Also wartete ich am Tag danach hinter einer der dicken Säulen auf dem Bahnsteig darauf, dass Mezil wie jeden Tag seine Schulsachen auf die Bank warf, der sich außer ihm niemand auf drei Meter nähern durfte, ohne die Fresse poliert zu bekommen.

Ich weiß noch, dass er einen dieser Plastikaktenkoffer mit Zahlenschloss hatte, die damals eine Zeitlang in Mode waren. Die Dinger zeichneten sich unter anderem dadurch aus, dass die Schnappschlösser aufsprangen, sobald man den Koffer schräg ansah, und nicht wenige von uns wickelten Gürtel oder Expander um die Dinger, um sie daran zu hindern, ihren Inhalt über die Straße zu erbrechen.

Ich wartete geduldig, bis auf dem gegenüberliegenden Gleis die U-Bahn eingefahren war, in die Mezil nicht einsteigen würde. Kaum waren alle aus- beziehungsweise eingestiegen und der Schaffner hatte sein »zurrückbleimbitte« geschnarrt, schnellte ich aus meinem Versteck hervor, griff Mezils Koffer und schleuderte ihn mit aller Kraft zwischen die sich schließenden Türen des Zugs. Zu gerne hätte ich natürlich sein überraschtes, dummes Gesicht gesehen, aber es erschien mir unter den gegebenen Umständen sinnvoller, sofort loszurennen, als wär mir der Deibel auf den Fersen.

Tatsächlich entkam ich an diesem Tag seinen Häschern, doch ich musste mehrere Wochen schwer auf der Hut sein, wohin ich mich bewegte, und darauf achten, nie alleine unterwegs zu sein – am besten immer in unmittelbarer Nähe eines Lehrers. Selten erlebte mich der Lehrkörper während meiner Schulzeit anhänglicher als während dieser bangen Wochen. Mein geheucheltes Interesse am Unterrichtsstoff zum Zweck der Wegsicherung gelang mir immerhin so überzeugend, dass ich nie aufflog – ein weiterer Hinweis darauf, dass meine Zukunft wohl in den darstellenden Künsten lag.

Eine Zeitlang patrouillierte sogar eine wechselnde Abordnung von Mezils Getreuen vor meiner Haustür und wunderte sich, wie ich jeden Tag in die Schule und zurück gelangen konnte, ohne ihren Weg zu kreuzen. Erfreulicherweise erbrachten sie nie die naheliegende Transferleistung, dass ich vielleicht einfach auf eine Tür an der Rückseite des Wohnblocks ausgewichen sein konnte. Mein Glück und eine Fressepolitur weniger.

So waren die Auseinandersetzungen rund um den Schulhof schlagartig auf Hochhausviertelniveau angestiegen, und ich kam manchmal doch etwas abgeschürft nach Hause.

Als Nachkriegskind, das zwischen verfeindeten Stadtbezirken aufgewachsen war, wo man sich gegenseitig nichts schenkte, waren meinem Vater dergleichen Probleme nicht fremd. Aber selbst wenn er es bis heute negiert, war auch das Neuperlach der Siebziger und Achtziger ein ziemlich heißes Pflaster, je nachdem, in welcher Ecke man sich so rumtrieb.

Rund um die von der Post unterstützten Sozialwohnungen, wo wir wohnten, ging es tatsächlich recht entspannt zu. Nur nach Einbruch der Dunkelheit war es nicht ratsam, sich auf dem Spielplatz im Hof herumzutreiben.

Auf jeden Fall war mein oftmals recht zerbeulter Zustand Grund genug für meine Eltern, mich ebenfalls in einen Kampfsportverein zu schicken. Natürlich witterte mein Vater sofort eine weitere Chance, aus seinem Sohn einen Leistungssportler zu machen, und er trug mich nicht nur bei einer Schnupperstunde ein, sondern zementierte meine nun unweigerlich folgende Karriere als »Judoka DeLuxe« auch gleich mit einer Mitgliedschaft beim *SV Neuperlach*.

So trabte ich ab sofort zweimal die Woche hinüber zu den Sporthallen auf der anderen Straßenseite, warf mich in meinen Judoanzug und lernte fallen, werfen und festhalten.

In den meisten Biographien kommt irgendwann einmal der Moment, an dem man seinen Eltern dankt, dass sie einen durch irgendwas durchgeschleift haben, obwohl man als Kind nun wirklich so gar keinen Bock drauf hatte. Sei es das Erlernen eines Musikinstruments, der entscheidende Schubs in die richtige Richtung bei der Berufswahl oder ein tatsächlich hilfreicher Rat zum richtigen Zeitpunkt – irgendwann machen die meisten Eltern irgendetwas so sehr richtig, dass man sich später daran erinnert und ihnen ewiglich dankbar dafür ist. Bei mir gibt es einige dieser Dinge, aber besonders froh bin ich tatsächlich noch heute vor allem über meine Jahre im Judotraining beim *SV Neuperlach*. Sehr zur Enttäuschung meines Vaters lehnte ich allerdings so gut wie alle Gelegenheiten ab, mich in irgendeiner Form prüfen oder an anderen Kämpfern messen zu lassen. Gerade mal zwei Gürtelprüfungen bis zum orangen Gürtel konnte man mir in vier Jahren herausnörgeln, und ich absolvierte diese so lustlos und topgenervt, dass die Prüfer danach vermutlich auch keinen Bock mehr hatten, sich noch einmal mit mir abzugeben. Auch bei den Bayerischen Meisterschaften musste ich aus gruppendynamischen Zwangsbeweggründen genau einmal mitkämpfen. Bei meinem ersten Kampf warf ich mit meinem gelben Gürtel einen deutlich älteren und eigentlich überlegenen Grüngürtel durch die Gegend wie einen Maikäfer und erlangte dadurch für ein paar Minuten Ruhm. Nie sah ich meinen Vater so glücklich und stolz wie zu dem Moment, als der Schiedsrichter mir mit stoischer Armbewegung den Sieg zusprach. Leider war Werner Krappweis völlig unempfänglich für die vergleichsweise formelle Atmosphäre eines Judowettkampfes, und kaum hatte ich gewonnen, sprang er auf, jubelte und rief meinen Namen mehrfach rhythmisch durch die Halle, wie er das von den Radrennen so gewöhnt war. Damit schaffte er zwei Dinge: Ich war so furchtbar beschämt wie selten in meinem Leben und mein nächster Gegner hatte nur noch das Ziel, mich vor den Augen meines väterlichen Claqueurs und aller anderen Anwesenden möglichst effektvoll zu blamieren. Der Typ polierte mit mir die Matten wie Mezil meine Fresse, mein Vater verstummte für den restlichen Abend, und ich schwor mir, nie, nie, nie, niemals wieder irgendeine Art von Wettbewerbssituation einzugehen, wenn Werner Krappweis sich im Umkreis von hundert Metern befand und somit in der Lage war, irgendwie auf sich und auf mich aufmerksam zu machen. Diese Scham.

Dankbar bin ich trotzdem. Warum? Tatsächlich wegen der verhassten Fallschule. Im Judo ist der richtige Sturz das A und O. Vorwärts, rückwärts, seitwärts links und rechts – in alle vier Himmelsrichtungen muss gefallen werden, ohne dass sich auch nur ein Nasenhärchen kräuselt. Butterweich und fließend müssen sie sein, die Rollen, und laut klatschen muss es, wenn die Hände und daran befindlichen Arme auf dem Boden aufschlagen und so dem seitlichen oder rückwärtigen Sturz die Wucht nehmen. Dabei wird der Kopf zur Brust gezogen oder bei den Rollen vom gesamten Körper geschützt, auf dass er niemals jemals Kontakt mit dem Untergrund hat. In meiner Erinnerung bestand jeder Judounterricht aus tausend Stunden Fallschule und höchstens dreieinhalb Minuten tatsächlichem Unterricht. Einer unserer beiden Trainer – nennen wir ihn Michael – war in seiner restlichen Zeit Feldwebel bei der Bundeswehr und machte keinen nennenswerten Unterschied zwischen seinen volljährigen Rekruten und den acht bis maximal zwölfjährigen Schutzbefohlenen in der Judogruppe. Vernahm er beim Aufwärmtraining zum Beispiel so etwas wie ein Stöhnen oder ein etwas tieferes Ausatmen, das man als eine Form von Unmut deuten konnte, verdoppelte er umgehend die Zahl der zu leistenden Liegestützen. Wagte es jemand, vorzeitig ab- oder zusammenzubrechen, blühte ihm »drei Mal Entengang«: Man musste in die Knie gehen und in dieser Haltung drei Runden in der Halle drehen beziehungsweise überleben. Jeder Abbruch resultierte in einer Runde zusätzlich.

Nun begab es sich, dass wir eines schönen Tages unseren Trainer ganz blauäugig fragten, wie lange das denn noch so ginge mit der verdammten Fallschule? Hatten wir sie nicht irgendwann mal endlich komplett gelernt und verinnerlicht und konnten die tausend Stunden pro Stunde vielleicht reduzieren auf ein sinnvolles Maß von, na ja, zwanzig Minuten? Oder noch weniger?

Unser Trainer schwieg. Dann winkte er uns stumm, mit ihm zu kommen. Wir folgten ihm hinaus aus der Halle, an den Umkleiden vorbei und vor eine breite Betontreppe, die hinunterführte zum Schwimmbad. Michael zeigte nach unten in das Dunkel und sagte: »Wenn man da mit Anlauf runterfallen kann, ohne sich weh zu tun, dann braucht man keine Fallschule mehr.« Dann lachte er und schob uns zurück in die Turnhalle.

Was er damit sagen wollte: »Niemals jemals werdet ihr weniger Fallschule machen, ihr kleinen, halslosen Doofbirnen!«

Was wir Kinder verstanden: »Wenn man da mit Anlauf runterfallen kann, ohne sich weh zu tun, dann braucht man keine Fallschule mehr.« Also wortwörtlich das, was er gesagt hatte.

Also trafen wir uns mehrere Wochen lang immer ein paar Minuten bevor unser Trainer mit dem Auto auf dem Parkplatz vorfuhr und nützten diese Zeit, um zu üben, wie man blessurenfrei eine Betontreppe hinunterstürzte ...

Irgendwann war es dann tatsächlich so weit: Vier von uns hatten durchgehalten, und wir waren tatsächlich in der Lage, die Treppe rückwärts, vorwärts oder seitlich eingesprungen von der ersten bis zur letzten Stufe hinunterzukugeln! Also winkten wir eines Tages nun unsererseits den Trainer nach draußen und mit ihm auch ein paar Eltern, die gerade ihre Kinder zum Unterricht gebracht hatten. Man stelle sich den Horror in den Gesichtern der Väter, Mütter und unseres Trainers vor, als wir uns ohne weitere Anmoderation in dichter Formation die steile Betontreppe hinunterstürzten! Die erstaunten Schreie der Erwachsenen begleiteten uns bis ganz nach unten.

Kaum waren wir unversehrt aufgesprungen, hörten wir schon die Schritte der Eltern auf den Stufen, die natürlich erwarteten, alle vier Kinder bewegungslos und mit gespaltenen Schädeln auf den steinharten Fliesen der Schwimmhalle wiederzufinden.

Stattdessen lachten wir ihnen ebenso unversehrt wie aufgedreht entgegen und antworteten auf die Frage, was in drei Teufels Namen uns denn zu dieser lebensgefährlichen Aktion gewogen hätte, sachgemäß: »Der Michael hat gesagt, wir sollen das machen, wenn wir keine Fallschule mehr machen wollen.«

Stumm drehten sich mehrere Augenpaare in Richtung des Trainers. Der lief erst rot an und wurde dann kalkweiß im Gesicht. Dann stotterte er irgendetwas, schwieg, stotterte noch einmal und schwieg dann abermals. Die Augenpaare wanderten wieder zu uns, und wir stierten bockig zurück. »Er hat's gesagt!«, rief ich, und das war ja nun nicht gelogen.

Seltsamerweise befreite uns diese Aktion nicht von der Fallschule. Allerdings befreite sie Michael von seinem Trainerjob, was uns zwar schon irgendwie leidtat, aber andererseits auch irgendwie so gar nicht. Denn der andere Trainer des *SV Neuperlach* mit Namen Stefan war ein supernetter Typ, der es mühelos schaffte, uns auch ohne Androhung von Entengängen oder Liegestützenpotenzierung zu motivieren.

Jetzt, dreißig Jahre später, bin ich aber eben diesem Trainer mit Namen Michael so verdammt dankbar wie kaum jemandem sonst. Denn nur durch seine selten dämliche Form der pädagogischen Fehlvermittlung hatte ich gelernt zu fallen wie kaum jemand sonst. Und völlig egal, was mir seitdem passierte, ob ich mit den Skiern, mit dem Fahrrad oder in meinem späteren Beruf als Stuntman herumstürzte – niemals brach ich mir einen Knochen aufgrund eines falschen Aufpralls, immer schützte ich meinen Kopf, immer schlug ich brav ab oder rollte weiter, bis der Schwung ins Leere lief. Und gerade die Fähigkeit zum Treppensturz bewahrte mich mehrfach davor, in der Schule die Fresse poliert zu bekommen: Einmal günstig am Rande einer der großen Freitreppen positioniert, ließ ich mich nach einem halbwegs passenden gegnerischen Schlag einfach die gesamte Treppe hinunterfallen und blieb unten möglichst verdreht liegen, bis die Arschkrampen oben in blinder Panik das Weite gesucht hatten.

Das funktionierte etwa zweimal hervorragend, aber beim dritten Mal stand ausgerechnet mein Mathelehrer Herr Tonke am unteren Treppenabsatz und erschrak fast zu Tode! Noch während des Sturzvorgangs hörte ich seine unverkennbare

Stimme meinen Namen ausrufen, und kaum war ich unten angekommen, sprang ich sofort auf, um ihm zu zeigen, dass mir nichts passiert war. So musste er natürlich unweigerlich denken, ich hätte das einfach so aus Spaß getan oder um ihn zu erschrecken. Und das war mir fraglos gelungen. Ich weiß noch, dass seine mangelnde Begeisterung über meine erstaunliche Leistung ihm weithin sichtbar quer ins Gesicht geschrieben stand, aber ich weiß nicht mehr, was er danach zu mir sagte. Auf jeden Fall verzichtete ich daraufhin im schulischen Umfeld auf den Einsatz dieser eigentlich so hilfreichen Spezialfähigkeit.

In meinem nächsten Scharmützel mit Mezil musste ich allerdings feststellen, dass Judo ein Kampfsport ist, bei dem man nah an den Gegner herantreten muss, während Taekwondo das Gegenüber auf Abstand hält. Ich hatte mir seinen Zorn zugezogen, als er mich mal wieder aus der Schlange am Pausenstand schubsen wollte, um meinen Platz einzunehmen, ich ihn aber aus dem Augenwinkel wahrgenommen und es gewagt hatte, ihm auszuweichen. Danach war ich natürlich sofort weggelaufen, aber alleine die Tatsache, dass er vor allen Anwesenden ins Leere gegriffen hatte, war ihm Grund genug, mir die übliche Gesichtsbehandlung anzudrohen.

Diese ließ nicht lange auf sich warten, denn schon am gleichen Tag stellte er mich auf dem Schulgelände vor dem Eingang zur Mensa.

Hinter mir standen seine Schergen, und vor mir hoben sich Mezils Hände und Füße zu einem dichten Geflecht schmerzhafter Versprechen.

Also atmete ich einmal in Gedanken tief durch und warf mich mit aller Kraft nach vorne mitten hinein in die *Fists of*

Fury. Mezil erwischte mich einmal am Kopf und mit dem Knie irgendwo an der Hüfte, aber da war ich tatsächlich schon nah genug, um ihn endlich zu fassen zu kriegen. Mezil tat mir den Gefallen, beide Hände zu heben, um mich von sich zu stoßen, und ich nützte seinen wütenden Schwung, um ihn mit dem *O-Goshi* über die Schulter zu werfen und danach in einem Haltegriff mit dem lustigen Namen *Kesa-Gatame* auf den Boden zu zementieren.

Diesen Haltegriff kann man effektvoll so modifizieren, dass einer der Arme des Gegners über das eigene angewinkelte Bein gestreckt und in dieser Position mit wenig Kraftaufwand schmerzhaft überdehnt werden kann. Wendet man zu viel Druck an, kann man dem Gegner erschreckend leicht den Arm brechen.

So lag ich nun also mit Mezil im Arm auf dem Kopfsteinpflaster vor der Mensa, und immer wenn er sich bewegte, drückte ich zum Dank seinen Arm ein paar Millimeter nach unten und meinen Oberschenkel nach oben. Schließlich machten seine drei Kumpels ein paar unsichere Schritte auf mich zu, doch ein gellender Schmerzensschrei von Mezil ließ sie wieder zurückweichen. Ich konnte also auch sie mit Mezils Arm kontrollieren, und das machte mir tatsächlich diebische Freude. Aus boshaftem Übermut drückte ich noch einmal zu und Mezil schrie so laut, dass seine Jungs sich noch ein paar Meter weiter entfernten. Allerdings konnte das ja nun nicht ewig so weitergehen. Aber die Wahrscheinlichkeit, dass Mezil im Anschluss meine Fresse so lange polieren würde, bis er alle Überstände glatt geschliffen hatte, war verdammt groß. Also lag ich weiter auf ihm, drückte ab und zu an seinem Arm herum und überlegte dabei fieberhaft, was nun meine Optionen waren.

Schließlich tat ich das Einzige, was mir irgendwie sinnvoll erschien. Ich beugte ich mich zu Mezils Ohr hinunter und sagte: »Mezil, was machen wir jetzt?«

Zu meiner Überraschung antwortete er mir mit ruhiger Stimme und ohne das übliche aggressive Timbre: »Du gewinnst.«

Ich war so überrascht, das aus seinem Mund zu hören, dass ich ihn augenblicklich aus meinem Griff entließ und mit ihm aufstand. So standen wir ein paar Sekunden nebeneinander und keiner wusste so recht, wie es nun weitergehen sollte. Mezils Kumpels näherten sich wieder und sahen ihren Chef verwundert an. Offensichtlich war die Situation auch für sie recht ungewohnt.

Schließlich aber hatte Mezil die rettende Idee, wie er die peinliche Situation ehrenvoll beenden konnte. Er streckte die Hand aus, ich tat das Gleiche … Mezil grinste, trat mir gegen die Hüfte und polierte mir die Fresse.

Ich bin mir sicher, daraus etwas gelernt zu haben, aber ich weiß bis heute nicht so genau, was eigentlich. Vorschläge sind gerne genommen.

Pittoreskes Neuperlach

Von Tommy Krappweis

Ich möchte gern anhand von Beispielen verdeutlichen, wie es war, als Heranwachsender in Neuperlach zu wohnen. Für meinen Vater ist Neuperlach bis heute das Nonplusultra, oder zumindest schafft er es, überzeugend diesen Eindruck zu vermitteln: Gerade mal drei Kilometer zur Autobahn hätte er vom Parkplatz aus und mit dem Rad sei er in wenigen Minuten »draußen in der Natur«.

Mein Hinweis, dass er versucht, mir Neuperlach nahezubringen, weil man so praktisch daraus flüchten kann, wird mit Augenrollen quittiert. Anstatt einer Antwort, weist mein Vater dann auf die nahen Einkaufsmöglichkeiten sowie den nur siebenhundert Meter entfernt liegenden U-Bahn-Anschluss hin. Ich kontere mühelos mit der Busverbindung vor meiner Tür, die mich in sieben Minuten zum Marienplatz bringt, und erwähne lapidar die U-Bahn-Haltestelle direkt vor dem Haus.

Daraufhin kommt mein Vater unweigerlich mit dem preislichen Argument, das ja tatsächlich nicht von der Hand zu weisen ist. Wenn man aber bedenkt, was er im Laufe der Jahrzehnte alles an Arbeit und Geld in diese drei Zimmer, Küche, Bad und Klo gesteckt hat, geht die Rechnung nur noch auf, wenn man beide Augen zudrückt, bis die lustigen Sternchen erscheinen.

Und obwohl mein Vater mich damals ins Judotraining schickte, um mich auf das heiße Pflaster der Straßen Neuperlachs vorzubereiten, leugnet er bis heute standhaft, dass es mehr als pipiwarm sei. »Ah geh, Schmarrn«, winkt er bis heute immer ab, wenn ich ihm von den Prügeleien und anderen gefährlichen Momenten meiner Adoleszenz erzähle.

Schon schräg gegenüber unserer Wohnung im Umfeld der sogenannten »schwarzen Schule« war ganztags mit Beeinträchtigungen des Seelenfriedens zu rechnen. Die »schwarze Schule« trug ihren Namen übrigens nicht aus metaphorischer Blumigkeit, sondern weil sie tatsächlich von außen komplett mit schwarzen Schindeln bedeckt war. Dafür hatte man die darin liegenden Gänge der Haupt- und Sonderschule in klassischem Siebziger-Jahre-Orange gestrichen. Blickte man vom komplett betonierten Schulhof aus auf den geöffneten Haupteingang des Schulgebäudes, sah das tatsächlich aus, als öffne sich in dem tiefschwarzen Gebilde der orangerote Schlund der Hölle. Welch ungeschickte Modetorheit auf Kosten des Geisteszustands von Schülern wie Lehrkörper.

Eine ganz andere Geschichte ist mir aus dem bis heute kaum veränderten Marx-Zentrum im Gedächtnis geblieben. Dort drängen sich hohe, schwarz-gelbe Betonsilos gleich einer Wagenburg um ein entsprechend schattiges Achteck mit Geschäften und Gaststätten.

Es war damals nicht sonderlich ratsam, sich alleine ins Marx-Zentrum zu wagen, außer man wollte aus unerfindlichen Gründen grundlos die Fresse poliert bekommen. Ein paar Wochen lang war es in den Häuserschluchten sogar richtiggehend lebensgefährlich, denn ein paar Bewohner der oberen Stockwerke hatten es sich zum Sport gemacht, mit

Luftpistolen und Gewehren auf die unzähligen Tauben zu schießen, die dort oben zu Hunderten die Balkone und Fensterbänke vollkackten. Als die Taubenpopulation irgendwann dann tatsächlich einbrach, war das natürlich ein Problem für diejenigen Leute in den zehnten bis vierzehnten Stockwerken, die inzwischen Gefallen an dem geschmacklos-makaberen Zeitvertreib gefunden hatten und nun teilweise Stunden darauf warten mussten, bis sich mal wieder eine unwissende Taube von außerhalb in die Todeszone wagte. Wozu hatte man denn aufgerüstet und sich erst letzte Woche noch mit zehntausend Schuss eingedeckt, wenn es nun nichts gab, worauf man ballern konnte!

Entschied sich dann ein blond gelockter Junge auf dem Weg von der Schule die Abkürzung durchs Marx-Zentrum zu nehmen, konnte es schon mal passieren, dass rund um einen mehrere Kugeln über den Beton klackerten. Da man die Schüsse eines Luftgewehrs selbst ja kaum wahrnimmt, war es völlig unmöglich, nachzuverfolgen, woher der Schuss gekommen war. Außerdem war man sowieso viel zu sehr damit beschäftigt, sich hinter einen der ausladenden Betonblumenkästen zu werfen und von dort weiter in Richtung Hauptstraße zu robben.

Dieses Phänomen währte allerdings wirklich nur wenige Wochen, und in der Schule machte die Info die Runde, dass die Polizei dem Häuserkampf durch verstärkte Kontrollen einen Riegel vorgeschoben hatte. Einen bleibenden Eindruck hat es bei mir trotzdem hinterlassen, und mir ist heute noch mulmig, wenn mich der Weg mal am Marx-Zentrum vorbeiführt. Der Vollständigkeit halber möchte ich klarstellen, dass man sich schon seit langer Zeit keine Sorgen mehr machen muss, wenn man sich zum Beispiel durchs Graf-Zentrum oder andere Ecken von Neuperlach bewegt. Inzwischen sind die damals gepflanzten Bäume hochgewachsen und Neuperlach gehört zu den grünsten Stadtteilen Münchens. Die meisten Fassaden wurden renoviert, gestrichen und mit Applikationen versehen, welche die tristen Formen aufbrechen. Auch die »schwarze Schule« ist kein gähnender Eingang in Dantes Inferno mehr, sondern in einem hellen Grau verkleidet und dazu mit großen, bunten, Keith-Haring-artigen Figuren dekoriert, von denen zwei weithin sichtbar auf dem Dach der Schule posieren. Es hat sich wirklich viel getan, und das ist vor allem im Vergleich zwischen damals und heute mehr als augenfällig.

Selbst wenn ich meinem Vater ein komplett möbliertes Haus mit Garten, eigenem Autobahnzubringer und vierhundert Quadratmeter Fahrradkeller zur freien Verfügung stellen würde, könnte er nie, nie, niemals aus Neuperlach wegziehen. Warum? Na, weil er dann zugeben müsste, dass man woanders schöner wohnen kann – und ich habe ein wenig Angst vor diesem Moment. Denn wenn mein Vater tatsächlich zum ersten Mal etwas zugibt, wird sich nicht nur mein psychisches, sondern auch das physische Gefüge des Universums augenblicklich verändern, und dafür will ich nicht verantwortlich sein. Also lass ich das mit dem Haus besser.

Der Fahrradgott

Von Tommy Krappweis

Einer meiner Lieblingsschriftsteller ist Douglas Adams, und er erzählt in einem seiner Bücher von einem Typ, der ein Donnergott ist und nichts davon ahnt. So verbringt er sein Leben grundsätzlich umgeben von schlechtem Wetter, nicht ahnend, dass er vielleicht etwas dagegen tun könnte.

Angesichts der unzähligen Fahrräder, die mir in meinem Leben bereits abhandenkamen, könnte man fast vermuten, ich hätte ebenfalls eine Art magische Verbindung zu den Dingern – in meinem Fall wohl eher eine Art magische Abstoßung.

Sie erinnern sich sicher an eines der vorherigen Kapitel: Das erste Vehikel entfernte ja mein Vater selbst aus meinem Umfeld, weil er ein *Bonanzarad* nicht als würdig genug für den Spross eines Rennradfahrers des *RV Sturmvogel* empfand. Alle folgenden Räder allerdings verschwanden natürlich gänzlich ohne sein Zutun aus meinem Besitz. Ich nenne es eine Gabe. Mein Vater nennt es Dummheit. Beides scheint rückblickend gerechtfertigt.

Der Weg zur Grundschule war nicht weit genug, um die Verwendung eines Fahrrads zu rechtfertigen. Man brauchte tatsächlich länger, um das Rad an- und abzusperren, als es dauerte, die paar Meter zu Fuß zurückzulegen. Andererseits war ich aber schon in jüngsten Jahren so elendiglich gehfaul, dass ich trotzdem fahren und nicht laufen wollte. Da ich damals außerdem noch daran glaubte, dass der Mensch grundsätzlich edel und gut sei, sowie keinen Gedanken daran verschwendete, dass es irgendwer an meiner Schule vielleicht nicht sein könnte, verzichtete ich einfach auf das Fahrradschloss. Zwei Tage lang ging das gut, dann war das Fahrrad weg.

Obwohl damit natürlich auch ein finanzieller Verlust einherging, war mein Vater nicht allzu traurig darüber, denn dieses von meiner Mutter besorgte Klapprad hatte immer schon sein Missfallen erregt. Er hat mir später tatsächlich gestanden, dass er sich vor den Nachbarn richtiggehend schämte, wenn ich als Rennradfahrersohn mit diesem Ding einherfußelte und er sich im unmittelbaren Umkreis von kleiner/gleich zehn Metern befand. Heutzutage hätte er sich vermutlich um die nächste Häuserecke gedrückt, denn man kann ja nie wissen, wann irgendwer das nächste Handyfoto macht und online stellt.

Trotzdem konnte Werner Krappweis es nicht ertragen, sein Kind zweiradlos zu sehen, und so hatte er nur wenige Tage später einen neuen Bock besorgt. Abermals ein Kinderfahrrad, aber er hatte immerhin einen etwas zu großen Rennlenker dranmontiert, damit es wenigstens aus einiger Entfernung ein bisschen mehr nach Rennrad aussah. Dazu überreichte er mir mit ernstem Blick ein überdimensional dickes und schweres Fahrradschloss nebst drei kleinen Schlüsseln an einem Ring.

Tags drauf hatte ich alle drei Schlüssel mitsamt dem Ring verloren und mein Vater machte sich seufzend auf, das Fahrrad vom Ständer vor der Schule zu befreien. Da er keinen Bolzenschneider hatte, musste er den Job mit einer kleinen Metallsäge erledigen, und ich erinnere mich noch daran, wie mein Papi da auf dem Schulhof hockte, leise fluchend über das monströse Schloss und sein unzureichendes Arbeitsgerät.

Ich bekam ein neues Schloss, diesmal ohne Schlüssel, dafür mit einem Zylinder mit Zahlenkombination. Ich fuhr zur Schule, sperrte das Rad ein, verdrehte die Zylinder und hatte in der Sekunde die Kombination vergessen.

Seufzend machte sich mein Vater am Nachmittag abermals auf den Weg zum Schulhof. Da er nicht damit gerechnet hatte, binnen 24 Stunden abermals ein Schloss knacken zu müssen, hatte er bislang auch noch keinen Bolzenschneider besorgt. Also hockte er sich ein zweites Mal mit der kleinen, inzwischen schon recht mitgenommenen Metallsäge auf den Schulhof, um mein Fahrrad zu befreien.

Ein drittes Schloss wurde mir ausgehändigt, allerdings nahm mein Vater zwei der drei Schlüssel an sich. Den dritten händigte er mir aus, bedachte mich aber mit einem ernsten Blick, den ich wohl zu deuten wusste.

Leider half das wenig gegen meine ganz spezielle Gabe: Kaum waren ein paar Tage vergangen, hatte ich den Schlüssel erfolgreich verloren. Mit gen Himmel verdrehten Augen drückte Papi mir den zweiten der drei Schlüssel in die Hand und nahm mir das Versprechen ab, nun ganz besonders darauf aufzupassen.

Ich nickte, denn ich hatte einen Plan: Der Schlüssel wurde sicher verwahrt in den Seiten meines Lieblingsbuches *Jim Knopf und Lukas der Lokomotivführer*, und dort blieb er auch.

Nur so konnte ich sicherstellen, dass ich ihn trotz meines magischen Talents nicht verlieren würde. Um trotzdem dafür zu sorgen, dass mir das Fahrrad nicht geklaut wurde, setzte ich auf den Zeitdruck, dem die Diebe vor der Schule sicherlich ausgesetzt waren: Ich war mir sicher, dass es vollkommen genügte, das Schloss in zugesperrtem Zustand einfach zwischen die Speichen und den Ständer zu flechten, so dass man bei oberflächlicher Betrachtung meinen konnte, es sei ordnungsgemäß abgesperrt. Tatsächlich aber genügten ein Griff und ein Ruck, um das Schloss herauszuziehen und mein Rad zu befreien.

Anscheinend frequentierten mehrere Wochen lang nur ausnehmend dämliche Diebe den Radunterstand auf dem Schulhof, denn mein Plan zur Schlüsselverlustvermeidung funktionierte hervorragend. Außerdem sparte ich mir so wertvolle Sekunden, die ich sonst mit An- und Abschließen vergeudet hätte, und das machte den Einsatz des Rades für den Schulweg auch rein zeitlich viel effektiver!

Mein Stolz hielt nicht lange und ebenso wenig die rudimentäre Abschreckungsmaßnahme eines in die Speichen geschobenen Schlosses: Das Fahrrad war weg, nur das Schloss war noch da.

Ich erinnere mich noch sehr gut an die fragenden Blicke, die meine Eltern austauschten, als ich mit einem verschlossenen Fahrradschloss, aber ohne Fahrrad nach Hause kam. Vielleicht dachten sie in diesem Moment auch ganz kurz, ihr Kind hätte magische Fähigkeiten – oder wohl eher der Dieb. Denn wie sonst konnte man ein Rad stehlen, ohne das Schloss zu beschädigen. Auf die Idee, dass ich es die ganze Zeit über nie geöffnet hatte, kamen sie Gott sei Dank nicht, denn das hätte ja bedeutet, dass ihr Sohn ein ausgemachter Vollidiot war, und was ließ das für Rückschlüsse auf die Eltern zu!

Also wurde das Mysterium als ein solches hingenommen und zu den gedanklichen Akten gelegt. Stattdessen zog mein Vater abermals los und stotterte sich bei den Vereinsmitgliedern des *RV Sturmvogel* diverse Fahrradteile zusammen, um daraus ein weiteres solches für mich zusammenzustückeln.

Mit Übergabe dieses nunmehr vierten Fahrrads an mich ging die Einschränkung einher, dass ich es bitte nicht mehr für die paar Meter Schulweg benützen möge.

Ich willigte grummelnd ein und hielt mich daran. Das kann der Grund gewesen sein, warum ich dieses Rad verhältnismäßig lange besaß. Erst als ich mit der fünften Klasse in die Orientierungsstufe wechselte und die neue Schule eine U-Bahn-Station entfernt war, lag die Benutzung des Fahrrads als Transportmittel wieder nahe. Also strampelte ich eines schönen Tages los, verschätzte mich in der Zeit, kam darum etwas arg knapp am Schulzentrum Neuperlach-Nord an und ... stellte fest, dass ich gar nicht wusste, wo sich hier der Fahrradkeller befand! In der Hektik fand ich auch nichts, woran ich mein Rad hätte ansperren können, also ließ ich es notgedrungen frei im Schatten des Betonklotzes stehen – immerhin ordnungsgemäß mit einem Fahrradschloss gesichert, dessen Schlüssel sich sogar in meinem unmittelbaren Besitz befand.

Als ich nach Schulschluss zurück an den Ort kam, wo ich das Rad hinterlassen hatte, war es verschwunden.

Der müde Blick, mit dem Mami und Papi meinen Bericht quittierten, strafte mich mehr als eine jede Schimpfkanonade. Diesmal dauerte es auch entsprechend länger, bis mein Vater sich dazu aufraffen konnte, mir ein weiteres Fahrrad zu organisieren.

In der Zwischenzeit behalf ich mir mit anderen fahrbaren Untersätzen, die sich bis dahin weitestgehend unbeachtet in meinem Besitz befunden hatten. Die erste Wahl fiel auf ein paar Rollerskates. Da wir in der Grundschule tatsächlich Eislaufen gelernt hatten, war mir die grundsätzliche Technik nicht völlig fremd, und es mangelte mir auch nicht an dem nötigen Geschick. Ich tendierte zwar generell zur Breitbeinigkeit, was zu der Assoziation mit einem rollschuhlaufenden Cowboy auf der Suche nach seinem Pferd animierte, aber ich kam vorwärts.

Der Weg hinunter zur Ständlerstraße allerdings wurde bei meinem ersten berollschuhten Schulweg zu einem Problem: Ganz unten am Fuß der Anhöhe war nämlich eine Ampel, die grundsätzlich dann Rot zeigte, wenn man mit einem fahrbaren Untersatz angerast kam, von dem man nur wusste, dass man ihn bremsen musste – aber nicht so genau, wie eigentlich.

Natürlich hatte ich beim ersten Test mit den Rollerskates geübt, wie man die Bremsgummis einsetzt, und auch die damals so angesagte Drehung zum Abstoppen etwas schnellerer Gangarten beherrschte ich gut genug, um sagen zu können, dass ich sie gut genug beherrschte. Als ich aber auf dem Weg bergab zur doppelspurigen Schnellstraße unterwegs war, stieg meine Sorge direkt proportional zu meinem Tempo an, und beides stieg beträchtlich. Den Moment, zu dem ich noch entspannt hätte bremsen können, hatte ich viel zu schnell verpasst, und so konnte ich nur hoffen, dass die Ampel dort unten zum halbwegs richtigen Zeitpunkt auf Grün wechseln würde und alle Autofahrer das auch entsprechend respektierten. Da spürte ich, wie die Rollerskates unter meinen Sohlen bedrohlich zu schlingern begannen. Dieses Phänomen war mir bislang gänzlich unbekannt gewesen, aber ich versuchte mein Bestes, die Beine zu stabilisieren und nicht auseinanderdriften zu lassen.

Gleichzeitig kam die Ampel immer näher, und ich hatte wirklich keine Idee, wie ich meine Abwärtsfahrt stoppen sollte. Noch fuhren die Autos in klassischer Rushhour-Manier vor mir dicht an dicht über die große Kreuzung, und an eine Überquerung war schon aus Platzgründen kaum zu denken!

Mein zehnjähriges Gehirn war fieberhaft mit mehreren Szenarien beschäftigt, und keines davon erschien erstrebenswert oder wenigstens rudimentär erfolgversprechend.

Da erinnerte ich mich an einen Film, den ich im Fernsehen gesehen hatte, wo der Fahrer eines Wagens, bei dem die Bremsen versagten, einfach auf einen Acker neben der Straße gefahren war, wodurch er es tatsächlich geschafft hatte, das Auto zum Stehen zu bringen. Neben ihm hatte, glaube ich, eine dauerkreischende Frau im Brautkleid gesessen, aber vielleicht ist das nur Teil einer kollektiven Erinnerung an alle Actionkomödien der achtziger Jahre. Das Einzige, was bei mir kreischte, war meine Vernunft, als ich versuchte, ihr meine Idee nahezubringen. Bevor aber noch irgendwer aus der Hirnregion widersprechen konnte, hatte ich meinen Weg bereits entschlossen vom Fußweg herunter und auf den graswachsenen Abhang daneben gelenkt. Doch wieder einmal zeigte sich, dass Hollywood kein guter Ratgeber für das reale

Leben ist: Meine Rollerskates blockierten so abrupt, dass ich mich sofort überschlug und bei meinen Umdrehungen den Berg hinab auch keine Möglichkeit hatte, den Schwung irgendwie zu bremsen. Einzig meine Erinnerung und die Autofahrer sind Zeugen, dass ich nur wenige Meter vor der Schnellstraße endlich zum Erliegen kam. Um nicht noch mehr Aufmerksamkeit zu erregen und gleichzeitig meine Unversehrtheit (dank Judo-Fallschule) zu demonstrieren, sprang ich sofort auf ...

... und fiel augenblicklich wieder um. Denn mir war durch die unzähligen Überschläge tatsächlich so schwindelig, als hätte ich die letzte Stunde auf einem von unbarmherzigen Kindergartenkindern dauerbetriebenen Spielplatzkarussell verbracht. Drei weitere Versuche, mich aufzurichten, scheiterten an der unaufhaltsam sich an mir vorbeidrehenden Umgebung, und ich schloss erst einmal die Augen. Dabei wurde mir aber so übel, dass ich glaubte, mich sofort übergeben zu müssen, und ich schlug die Augen wieder auf.

Vor mir hatte ein Wagen angehalten, und die Fahrerin war ausgestiegen. Ich weiß nicht mehr, was sie sagte, aber sie war auf jeden Fall sehr nett und sie hatte eine Art Thermosflasche oder etwas in der Art dabei, aus der sie mir lauwarmen Tee einflößte, der furchtbar bitter schmeckte. Schließlich stand ich auf und überzeugte die Frau, dass ich bis auf die temporäre Unpässlichkeit und jede Menge Grasflecken tatsächlich völlig unbeschadet aus meinem Stunt hervorgegangen war. Ich dankte ihr höflich, erklärte, dass ich mich beeilen müsse, weil ich sonst zu spät zur Schule käme, und nützte die grüne Ampel, um halbwegs würdevoll davonzukaten.

Den Berg, den ich eben noch so gekonnt heruntergerast war, musste ich natürlich auf der anderen Seite der Hauptstraße wieder hinauf, was fürchterlich mühsam war und dazu noch erschwert wurde durch die vielen kleinen Schottersteinchen auf dem Gehweg. Ich kam ebenso spät wie grasbefleckt zum Unterricht, und da ich die Rollerskates an den Schnürsenkeln über der Schulter hatte, war der Zusammenhang für alle offensichtlich und das Gelächter groß.

Trotzdem versuchte ich es noch ein paarmal mit Rollschuhen, bevor ich entnervt aufgab. Die Tatsache, dass ich bergab zur Ständlerstraße laufend abbremsen musste, obwohl ich den Schwung doch so dringend für die danach folgende Steigung brauchte, nervte mich kolossal! Was für eine Verschwendung!

Ebenso erfolglos verliefen die Versuche, den Weg auf dem Skateboard zu bewältigen. Obwohl es mir hier leichter fiel, die Geschwindigkeit zu dosieren und ich es sogar ein paarmal schaffte, die Grünphase der Ampel exakt zu treffen, war der Schwung nach spätestens fünfzehn Metern bergauf komplett aufgebraucht und der Rest war eine einzige mühselige, schweißnasse Trübsal. Es half alles nichts: Wenn ich nicht wieder U-Bahn fahren und mir von Mezil die Fresse polieren lassen wollte, brauchte ich ein neues Fahrrad ...

Mein Vater war begreiflicherweise skeptisch. Ich hatte in meinen ersten paar Lebensjahren bereits vier Räder verschlissen und mich im diebstahlsicherheitstechnischen Bereich nicht gerade durch besondere Sorgfalt hervorgetan. Darum erging folgender Kompromiss: Ich sollte das alte Bahnrad meines Vaters verwenden, bis ich mich würdig gezeigt hatte, ein neues, eigenes Rad zu bekommen.

Ich spüre Ihre fragenden Blicke, was denn bitteschön ein »Bahnrad« sei? Nun, das ist ein ganz spezielles Rennrad mit einer sogenannten »starren Nabe«: Es hat ebenso wie ein Trickfahrrad keinen Leerlauf und keine Gangschaltung. Hört man also auf zu treten, drehen sich die Pedale dank direkter Übersetzung einfach trotzdem weiter – und zwar in Fahrgeschwindigkeit. Rast man also bergab, nimmt man am besten die Füße von den Pedalen, denn es ist kaum möglich, diese hohen Umdrehungen noch zu erfußeln. Dafür ist es ein witziges Gefühl, wenn einem die Pedale sozusagen entgegenkommen, ohne dass man laufend treten muss.

Mein Vater erzählt heute noch gerne, wie er früher zusammen mit seinem Bruder auf so einem Fahrrad in die Schule radelte: Jeder stand einbeinig auf einem der Pedale, und so fuhren die beiden durch das München der Nachkriegszeit – abwechselnd in die Höhe gehoben wie die Pleuelstangen einer Dampfmaschine.

Mein Vater montierte sogar einen »normalen« Lenker an das Rad, allerdings erntete ich einen weiteren verwunderten Blick, als ich mich dafür bedankte. Denn mein Vater hatte den Rennlenker nicht etwa abgebaut, weil er mir damit einen Gefallen tun wollte! Nein, er hatte das schweren Herzens getan, wollte aber den teuren Rennlenker nicht als potenzielles Diebesgut verschwenden. Immerhin bekam ich auch eine Bremse, wobei es eine gehörige Umgewöhnung war, zu bremsen und gleichzeitig weiterzutreten.

Von Werner Krappweis war das Ganze durchaus als eine Art Erziehungsmaßname gedacht gewesen. Schließlich handelte es sich hier nicht um ein Fahrrad, mit dem man Bergrennen gewinnen oder wenigstens anerkennende Blicke ernten konnte. In seinen Augen war dieses kuriose Ding nichts weiter als ein etwas alberner Kompromiss, der mir zeigen sollte, dass ich nicht umgehend ein neues Rad hinterhergeworfen bekam, nur weil mein Vater zufällig manischer Rennradfahrer war.

Umso erstaunter war er, als er erkannte, dass ich zum ersten Mal von einem Zweirad richtiggehend begeistert war! Endlich ein Fahrrad, bei dem klar war, dass es nicht dazu taugte, Rennen zu fahren, und das mitsamt seinem Fahrer ganz offensichtlich gar nicht ernst genommen werden wollte! Exakt das, was mein Vater als eine milde Form von Strafe geplant hatte, versetzte mich in einen wahren Freudentaumel! Mit diesem Ding konnte ich erhobenen Hauptes in die Schule fahren, dabei aber auch zahllose lustige Dinge tun, mich von den Pedalen aus dem Sattel heben lassen, an der Ampel scheinbar regungslos balancieren, ohne abzusteigen, mit meinem Kumpel Norbert zu zweit herumradeln wie weiland mein Vater und sein Bruder und ...

... jeder Versuch, mir dieses ganz besondere Fahrrad zu klauen, würde für den Dieb spätestens an der ersten Ampel mit einem fürchterlichen Sturz enden! Bruhaha!

Tatsächlich erzählt auch mein Vater heute noch lachend davon, wie er das Fahrrad eines Tages vor der Brücke zur U-Bahn-Station in einem Gebüsch vorfand. Der Lenker war verdreht und das Vorderrad hatte einen sauberen Achter. Irgendjemand hatte das Rad gestohlen, war damit mit vollem Karacho losgefahren und hatte dann kurz vor dem Überqueren des Gerhart-Hauptmann-Rings zum ersten Mal gebremst. Dabei hatte er getreu der bekannten Bedienung handelsüblicher Fahrräder wohl aufgehört zu treten, was ja beim

Bremsvorgang auch wirklich Sinn macht. Doch dem Fahrrad beziehungsweise der starren Nabe war das völlig egal, und so hebelten die Pedale den Dieb mit Schwung in die Luft und aller Wahrscheinlichkeit nach auch vorwärts über den Lenker. Das Rad landete in der Dornenhecke, und alle Anzeichen sprachen dafür, dass es dem Dieb genauso ergangen war.

Mehr als einmal fand ich am Ort, an dem ich das Fahrrad abgesperrt hatte, nur das geknackte Schloss vor, aber im Umkreis von etwa zwanzig Metern auch immer den Drahtesel selbst – manchmal etwas lädiert, aber niemals so sehr beschädigt, dass ich damit nicht lachend nach Hause fahren konnte. Ich vermute auch, dass ich einen der havarierten Diebe persönlich kannte, denn ein Typ aus der Parallelklasse kam am nächsten Tag mit breiten Schürfwunden an der Backe und einem ausladenden Verband am Unterarm in die Schule und musterte mich mehrere Tage lang aus wütend zusammengekniffenen Augen. Ich weiß mir bis heute keinen anderen Grund für seine Feindseligkeit, denn ich hatte mit ihm keine sonstigen Berührungspunkte.

Leider verlor ich diesen ganz und gar wunderbaren Bock auf eine ganz und gar nicht angenehme Weise: Vor den heute tadellos münchnerisch-blitzsauberen *Perlacher Einkaufspassagen* direkt an den Rolltreppen zur U-Bahn stand eines Abends eine Gruppe von drei Deppen auf der Suche nach irgendwem oder irgendwas, das sie kaputt machen oder verprügeln konnten.

Leider bemerkte ich zu spät, dass mich mein Weg direkt durch die Gruppe hindurchführen würde, wenn ich nicht die Treppenstufen links und rechts davon hinunterpoltern wollte.

Das nutzte einer der Typen und stiefelte mich mit einem herben Tritt vom Rad. Ich stürzte, fing mich aber sofort wieder (Judo-Fallschule!), und da ich gelernt hatte, dass unerwartete Aktionen in solchen Momenten das beste Mittel waren, packte ich mein geliebtes Trickfahrrad mit beiden Händen und warf es dem Kerl mit aller Kraft entgegen. Die Mittelstange traf ihn tatsächlich ziemlich (un)glücklich an der Stirn, und ich weiß noch, dass er beim Versuch, das unhandliche Geschoss abzuwehren, mit einer Hand zwischen die Speichen des Vorderrades geriet.

Eigentlich hatte ich vorgehabt, die Gunst der Millisekunde für meine Flucht zu nützen, doch gleichzeitig waren die anderen beiden wütend auf mich eingedrungen. Also fasste ich mir ein Herz, drehte mich herum, ergriff den Arm des linken Typen und warf ihn mit dem einzigen Griff, den ich wirklich gut beherrschte, über die Schulter. Allerdings hatte ich nicht im Blick gehabt, dass ich direkt neben der Rolltreppe stand.

Mein Angreifer prallte mit dem Rücken auf die scharfkantigen Stufen, rutschte ungelenk noch ein paar weiter, bevor er liegen blieb und stöhnend mit der Rolltreppe nach unten fuhr.

Der Dritte stand für einen Moment regungslos da und glotzte erschrocken nach unten und ich mit ihm. Erst als ich spürte, dass er sich aus seiner Schockstarre löste, wachte ich ebenfalls aus meiner, schubste ihn augenblicklich, so hart ich konnte, zur Seite in Richtung des Typen, dem ich das Fahrrad ins Gesicht geworfen hatte, und rannte davon wie der sechsbeinige Beelzebub.

Ich blieb erst stehen, als ich diverse Haken gerannt war und mich meiner auffälligen lila *Wrangler*-Jacke entledigt hatte. Erst Stunden später traute ich mich zurück an die U-Bahn-Station. Nicht nur die drei Typen waren weg, sondern natürlich auch mein Fahrrad. Diesmal hatte wohl niemand den Fehler gemacht, überstürzt damit loszurasen, um sich direkt danach formvollendet zu überschlagen.

Fast war ich sogar froh darüber, denn der Anblick des Typen auf der Rolltreppe ist mir bis heute ins Gedächtnis eingebrannt. Tatsächlich studierte ich insgeheim ein paar Wochen lang die Titelseiten der Zeitungen in den Zeitungsständern, ob sich dort nicht vielleicht irgendein Bericht über eine Schlägerei vor den *Perlacher Einkaufspassagen* fand, bei der sich einer durch den Sturz auf einer Rolltreppe ernsthafte Schäden zugezogen hatte. Nichts dergleichen kam mir zu Ohren, und auch ein paar Freunde, denen ich mich anvertraute, konnten nichts in Erfahrung bringen.

Meinem Vater erzählte ich nichts von der Auseinandersetzung, wie ich auch alle anderen Scharmützel bislang verschwiegen hatte. Ich kann heute gar nicht mehr nachvollziehen, warum eigentlich, aber damals wäre es für mich seltsamerweise unangenehm gewesen, mit ihm darüber zu reden. Wie auch immer, den Verlust eines weiteren Fahrrads konnte ich ihm nicht verschweigen und rechnete mit den bereits bekannten vorwurfsvoll-fassungslosen Blicken in entsprechend potenzierter Form.

Umso überraschter war ich, als mein Vater mir eröffnete, dass er zwar den Verlust des alten Bahnrades sehr bedaure, aber andererseits schon seit Wochen täglich damit gerechnet hatte, dass es mir ebenso wie alle anderen Räder abhandenkommen würde. Diesmal hatte Werner Krappweis aber vorgesorgt, denn er hatte sich schon Anfang des Jahres auf eine Liste setzen lassen, bei der man sich um ein ausgemustertes Postfahrrad bewerben konnte. Ich war sofort begeistert! Hätte ich geahnt, was mir damit blühte, wäre meine Reaktion vielleicht etwas verhaltener ausgefallen …

Ein Fahrrad für die Band
Von Tommy Krappweis

Es war nicht etwa die gelbe Farbe, die mich so in Begeisterung versetzte, als das ausgemusterte Postfahrrad schließlich wie neu vor mir stand. Es waren auch nicht der neue Lenker, die reparierten Bremsen oder die unzerstörbaren Reifen, mit denen man sogar durch ein Meer aus Reißzwecken pflügen konnte, ohne auch nur einen Hauch von Luft zu lassen.

Wie allseits bekannt, hat ein klassisches Postfahrrad vorne und hinten jeweils einen großen, stabilen Korb, um die Briefe und Päckchen zu transportieren. Und diese Dinger waren wie geschaffen für meine Zwecke! Schließlich hatte ich neben anderen Instrumenten erst vor kurzem angefangen, Schlagzeug zu spielen, und somit das immerwährende Transportproblem, wenn ich mal woanders spielen wollte als im Proberaum der Schule.

Gestatten Sie mir bitte ein paar wichtige Worte zu meinen musikalischen Anfängen: Tatsächlich verbrachte ich seit Monaten meine gesamten Nachmittage in dem Kellerraum unter der Mensa, spielte Schlagzeug, Klavier, Gitarre und brüllte meine ersten Gesangsversuche in ein grauenhaft schlechtes Mikrophon, das zudem noch an einem Gitarrenverstärker angeschlossen war und klang, als würde ich durch einen Strohhalm in eine Schublade voller Tupperware husten.

Ich litt an sichtbarem Sonnenmangel, sah auch so aus, und meine Mutter nannte mich während dieser Zeit gerne »den Grottenolm«. Meine Oma väterlicherseits war ebenfalls entsetzt und versuchte, mich bei ihren vielen Besuchen durch unaufhörlich beharrliches Gutzureden dazu zu bewegen, mich »an die frische Luft« zu begeben und dort »ein bissl zu sporteln«.

Doch seit wann hilft es bei pubertierenden Jungs, wenn man unaufhörlich auf sie einredet? Seltsam eigentlich, warum diese Strategie nicht schon längst aufgegeben wurde, da sie doch erwiesenermaßen nicht nur nichts bringt, sondern ganz im Gegenteil genau das verstärkt, was man eigentlich verhindern wollte.

So auch bei mir: Je mehr die Familie auf mich einlaberte, desto länger wurden meine Stunden im fensterlosen Proberaum. Immerhin lernte ich so verdammt schnell die wichtigsten Grundzüge des Schlagzeugspiels und wurde auch im Singen und an der Gitarre immer besser. Das führte dazu, dass ich mich schließlich sogar in die Münchner Fußgängerzone wagte, um mir dort mit Westerngitarre, Cowboyhut und abgewetztem Trenchcoat ein zusätzliches Taschengeld zu erbrüllen.

All das hatte wirklich herzlich wenig mit dem zu tun, was mein Vater eigentlich ab dem Moment meiner Geburt für mich geplant hatte. Er hatte sich doch so, so, so, so, so, so, so sehr einen Spross gewünscht, der in seine Fußstapfen – oder besser Radspuren – im *RV Sturmvogel* treten würde. Stattdessen hatte er nun einen bleichen Nerd, der zu allem Übel auch aus dem Judoverein ausgetreten war, um noch mehr Zeit dafür zu haben, sich in einem kleinen Kellerraum das Gehör zu ruinieren und dabei all die mühsam ersportelten Muskeln wieder abzubauen.

Für mich war das Judotraining in dem Moment uninteressant geworden, als man begonnen hatte, mich zu Gürtelprüfungen und Wettkämpfen zu nötigen. Ich hatte nicht nur keine Lust, mich bewerten oder mit anderen messen zu lassen, ich hasste es aus tiefstem Herzen.

Diese Abneigung gegen Wettbewerbe aller Art ist mir bis heute erhalten geblieben, und ich weiß gar nicht so genau, woher das eigentlich rührt. Ich will mich einfach nicht mit anderen messen, ich will weder wissen, ob ich der Beste bin noch ob ich der Beste sein könnte, wenn ich nur hart genug übe, arbeite, trainiere oder mir genug Zeug in die Birne oder in die Venen schmettere. Wenn ich etwas nicht kann, dann ist das nicht nur für mich offensichtlich, denn ich gehe mit meinen Unzulänglichkeiten gerne offen um. Die Dinge, die ich kann, habe ich mir deswegen angeeignet oder draufgeschafft, weil ich es wollte. Ich tue all diese Dinge, um mir und auch anderen Menschen damit Freude zu bereiten, und nicht, weil ich bei einem Wettbewerb als Erster durchs Ziel brechen will.

Natürlich treibt mein Vater Sport, weil er gerne Sport treibt. Aber sobald er die Gelegenheit hat, sich mit irgendwem zu messen, nützt er die Chance.

Wie oft schon erzählte er uns nach dem Radtraining, dass er mit seinen siebzig Jahren irgendeinem Jungspund auf seinem sündhaft teuren Rennrad am Berg davongefahren sei. Ich glaube ihm das auch, denn mein Vater läuft in solchen

Situationen zu ungeahnten Höchstformen auf. Tatsächlich gibt es eine Sache, bei der ich ihn verstehen kann. Ich glaube, der Grund, warum Werner Krappweis damals so unfassbar viele Rennen gewonnen hat, ist, dass er *unbedingt gewinnen wollte*. Und wenn man das *gewinnen* ersetzt durch *schaffen*, kann ich mich voll damit identifizieren. Denn auch ich will manche Dinge so unbedingt, dass sie dadurch erst möglich werden.

Ich war zum Beispiel Schlagzeuger in der Schulband, wollte aber endlich live auftreten, Gitarre spielen und singen. Also verließ ich die eine Band, gründete eine neue und nahm sofort eine Anfrage für einen Auftritt auf dem Geburtstag einer älteren Schülerin an. Ich hatte etwa vier Wochen Zeit, um einen Schlagzeuger und einen Bassisten zu finden, mit ihnen zu proben und gleichzeitig zu lernen, wie man Gitarre spielt und dabei singt. Tatsächlich standen wir einen Monat später als Band vor einer Geburtstagsgesellschaft und spielten auf zum Tanz.

Ich hatte es tatsächlich geschafft. Weil ich es unbedingt wollte.

Nun gut, ich muss das ein wenig einschränken. In obigem Fall zum Beispiel fragte uns die Geburtstaghabende nach einer Handvoll Songs, ob wir nicht bitte den Rest des Abends nur noch *See you later, Alligator* spielen könnten. Ich erklärte, das sei nicht nötig, da wir noch ein Programm von weiteren fünfzehn Nummern vorbereitet hätten, und wollte gerade die Hand heben, um halbwegs gleichzeitig mit den anderen Bandmitgliedern in den *Jailhouse Rock* zu starten, als mich ihre angstgeweiteten Augen davon abhielten. Verwundert blickte ich mich um und bemerkte, dass sich auch die anderen Anwesenden in einem seltsamen Zustand angespannten Abwartens zu befinden schienen. Einige waren von den Biertischgarnituren aufgestanden, hatten ihre Jacken in der Hand oder waren bereits in einen der Ärmel geschlüpft. Alle sahen zu uns herüber, gespannt über den Ausgang der Unterredung.

Da drückte mir das Geburtstagskind urplötzlich mit zitternden Händen die gesamte Gage in die Hand und bat mich inständig und mit Tränen in den Augen, bitte, bitte aufzuhören. Überfordert willigte ich ein.

Da erhellte sich ihr Gesicht, sie drehte sich um und nickte aufgeregt in Richtung ihrer Gäste. Ein kollektives, erleichtertes Seufzen erfüllte den Raum, man setzte sich wieder, Jacken wurden abgestreift, und sofort herrschte eine dem Anlass angemessene Stimmung gelöster Fröhlichkeit.

Diese Art Auftritte hatten wir in der Anfangszeit ziemlich oft, aber wir meisterten sie alle mit einer hilfreichen Mischung aus Spielfreude, Hybris und weitreichender Ignoranz.

Bis wir dann eines Tages das erste große Live-Konzert eines unserer musikalischen Helden besuchten: Eric Clapton spielte in der Olympiahalle, und ich erinnere mich, dass ich die meiste Zeit feuchte Augen hatte vor ehrfurchtsvoller Begeisterung. Noch auf dem Heimweg beschlossen wir, die gemeinsame Musikerkarriere zu beenden und unsere Instrumente auf einer Waldlichtung im Perlacher Forst zu verbrennen und deren Reste an Ort und Stelle zu verscharren.

Dass wir das letztendlich doch nicht in die folgenschwere Tat umsetzten, war vielen Faktoren geschuldet. Neben der Freude, die uns das Musikmachen trotz aller Rückschläge bereitete, waren uns die Instrumente auch in vielerlei Hinsicht zu wertvoll, um sie in einem grausamen Ritual der Natur zurückzuführen. Und hier gelingt mir dann doch die schon vor mehreren Zeilen geplante Rückführung zum Thema dieses Kapitels, denn nun soll es tatsächlich wieder um das Postfahrrad gehen. Denn wenn man einmal ein Ding – egal, was es ist – auf so viele mannigfaltigen Arten hin- und hergeschleppt, auf und ab transportiert und rauf- und runtergesattelt hat wie wir unser damaliges Equipment, entwickelt man zwangsläufig eine Bindung zum Gerät, wie man es vielleicht auch vom frühkindlichen Kuscheltier kennt, das einen über Jahre hinweg überallhin begleitet hat.

Wir waren ja noch minderjährig und somit nicht in der Lage, alles einfach in einen Kombi zu werfen und dann gemütlich von A nach B zu cruisen. Oh nein, wir mussten entweder vor unseren Eltern zu Grabe kriechen und lieb fragen, ob vielleicht jemand Erbarmen hatte und uns mitsamt unserem Zeug in den nächsten Jugendclub gurkte. Dort musste das Elternteil dann zwei Stunden herumstehen und versuchen, möglichst unbeteiligt auszusehen, wenn nach den ersten Takten unserer Version von *Twist & Shout* ein Großteil der Zuhörer mit schreckenverzerrten Gesichtern zu den Ausgängen drängte.

Mit Begeisterung stellte ich fest, dass mein Gitarren-Amp tatsächlich exakt in den vorderen Korb des Postrads passte! So konnte ich die Plastiktüten mit den Kabeln, dem Mikro und dem Notenständer, den wir zu einem Mikroständer zwangsentfremdet hatten, in den rückseitigen Korb stopfen. Dazu stellte ich den Leitz-Ordner mit nach Gehör von Kassetten und Platten abgetippten Texten als Stabilisierung seitlich aufrecht hinein. Die Gitarre packte ich mir in einem rucksackähnlichen Gigbag auf den Rücken, und wenn ich nicht ganz aufrecht saß, lag dieser perfekt auf dem Rand des hinteren Korbs auf.

Natürlich war der schwere Vollröhrenamp der Firma *Musicman* im vorderen Korb schon eine beträchtliche Schwungmasse, die es bei jeder Kurve einzukalkulieren galt. Da ich das aber wusste und darauf achtete, meisterte ich die Postradära meines Lebens tatsächlich unfallfrei.

Nun heißt unfallfrei ja nicht automatisch »frei von Komplikationen«. So wurde ich einmal auf dem Weg zu einem Auftritt von der Polizei angehalten, die alleine fünfzehn Minuten benötigte, um über den Anblick hinwegzukommen, den ihnen meine musikalische Wagenburg bot. Es kostete mich all meine Überzeugungskraft und ein paar grenzweinerliche Anwandlungen, bis ich nach einer halben Stunde tatsächlich in unverändert gemeingefährlichem Beladungszustand weiterradeln durfte.

Besonders kurios war der Zwischenfall direkt vor dem Postgebäude auf dem Hanns-Seidel-Platz neben dem U-Bahn-Eingang *Neuperlach Zentrum*. Denn dort wurde ich doch glatt von drei wütenden Postbeamten gestellt, die der festen Überzeugung waren, ich hätte dieses Rad gerade eben aus ihrem Hinterhof geklaut! Dass das Rad einen neuen Lenker, andere Bremsen und eine nagelneue Klingel hatte, die ich dann wohl während des Diebstahlvorgangs noch schnell nachgerüstet haben musste, wurde nicht als entlastender Beweis gewertet. Alle Beteuerungen nützten nichts, ich musste tatsächlich absteigen und den drei Herren das Rad übergeben.

Dann wurden meine Personalien aufgenommen, die man der Polizei zu übergeben gedachte, und ich »durfte« immerhin zu Fuß verschwinden. Bei dem Erregungszustand der Beamten wäre ich kaum verwundert gewesen, wenn sie mich zum Verhör geschleppt und mit Briefmarkenstempeln gefoltert hätten, um mich dazu zu bewegen, die schändliche Tat zu gestehen.

Natürlich ist im Grunde nachzuvollziehen, dass ein Teenie auf einem gelben Postrad erst einmal Fragen aufwirft. Aber die Art und Weise, diese überhebliche Aggressivität gepaart mit der kompletten Verweigerung, wenigstens kurz mal zuzuhören oder nachzudenken, machte mich verdammt wütend.

Noch am selben Tag stapfte mein Vater ebenso sauer hinüber in die Postfiliale und präsentierte die Rechnung über den Gebrauchtverkauf samt in den Rahmen eingeprägter Seriennummer. Sofort händigte man ihm das Rad wieder aus, doch Werner Krappweis war noch nicht fertig. Zum Schrecken der drei Herren und der gesamten weiteren Belegschaft der Postfiliale Neuperlach Zentrum erklärte mein Vater, dass er schon morgen in seiner Eigenschaft als »Fachkraft für Arbeitssicherheit« zurückkehren werde, um sich die Filiale mal etwas genauer anzusehen.

Dass ausgerechnet mein Vater – Hasardeur, Verletzungskaiser, Gefahrensucher und Risikofinder de Luxe – in späteren Jahren den Posten einer »Fachkraft für Arbeitssicherheit« innehatte, ist eine besonders ironische Wendung des Schicksals und so unfassbar, dass man es im Drehbuch einer Fernsehserie aus mangelhafter Glaubwürdigkeit sofort streichen würde. Und doch ist es wahr: Ausgerechnet Werner Krappweis, der Mann, der im eigenen Campingmobil eine Gasexplosion ausgelöst hatte, weil er mit einem brennenden Streichholz die selbst eingebaute Kühlbox wieder in Gang bringen wollte, war zuständig für die Sicherheit von Abertausenden Beamten.

Der Mann, der aus reiner Freude am Abenteuer freimütig Leib und Leben seiner Familie riskierte und mehr als einmal dem Tod mit einer wegwerfenden Handbewegung bedeutet hatte, dass er wohl zu früh gekommen war, um ihn zu holen, schritt einen Tag später mit prüfendem Blick durch das Postamt in Neuperlach, machte Fotos von Ecken, Geländern und Schreibtischpositionen und schüttelte ein ums andere Mal tadelnd den Kopf. Erst eineinhalb Stunden später verließ er das Gebäude, das sich vom kollektiv erleichterten Ausatmen der Belegschaft kurzzeitig auf das Einundeinhalbfache aufblähte. Zu Hause präsentierte er mir lachend den Berg von Notizen und die Sofortbilder, auf denen nirgends ein echter Sicherheitsmangel zu sehen war. »Ich hab einfach irgendwas fotografiert, geseufzt und dazu irgendwas aufgeschrieben«, lachte mein Vater. »Und immer wenn der Filialleiter gefragt hat, was ich denn da gefunden hätte, hab ich ihm gesagt: Ach nix. Was ja auch stimmt!« Dann warf er die gesamten »Unterlagen« in den Müll und erklärte mir, er würde das Postrad demnächst einfach umlackieren. Die Farbe Hammerschlagblau ermöglichte es mir, auch in Zukunft direkt an der Neuperlacher Post vorbeizufahren, ohne meines Rades verlustig zu gehen.

Besonders peinlich geriet allerdings folgende kleine, aber erinnerungswürdige Begebenheit, die sich sehr deutlich in mein Schamgedächtnis eingebrannt hat: Ich hatte mit der Gewichtung meiner Fahrradbeladung experimentiert, da der Gitarrenverstärker es doch recht schwierig machte, das Rad sensibler zu lenken.

Aufgrund des Gewichts im vorderen Korb kippte der Lenker ständig zur Seite weg und ich von einer neunzigprozentigen Kurve schlangenlinienförmig in die nächste. Hinten war die Gitarrentasche auf meinem Rücken im Weg, und so blieb als einziger noch nicht okkupierter Platz direkt vor mir die Mittelstange. Also stabilisierte ich den Verstärker mit drei Expandern auf dem dicken Rohr und nahm dann meine Ellbogen zu Hilfe, um während der Fahrt dafür zu sorgen, dass das Ding nicht zur Seite wegkippte.

Die Gitarrentasche auf meinem Rücken rutschte so ein paar entscheidende Zentimeter weiter runter über den Sattel hinaus in den hinteren Korb, und ich konnte endlich aufrecht sitzen. Ahh, diese Wohltat.

Aber kaum war ich drei Meter gefahren, rutschte mir der Amp unter dem linken Arm hindurch und kippte zur Seite! Zwar blieb er an den Expandern hängen, die sich bedrohlich dehnten, schlug dann aber kopfüber hängend so heftig gegen das linke Pedal, dass im Inneren eine der kostbaren Röhren splitterte.

Durch das Gewicht seitlich von mir war es auch nicht mehr möglich, das Fahrrad gerade zu halten. Ich kippte unaufhörlich zur Seite, den schweren Verstärker zwischen meinen Beinen baumelnd, dabei mit dem belasteten Fuß immer noch um Standsicherheit bemüht und wild auf dem Boden tapsend wie ein unmusikalischer Steptänzer. Gleichzeitig versuchte ich, das Rad am Lenker zu bändigen wie einen Stier an den Hörnern. Doch das Vieh wehrte sich, drehte den Kopf einfach zur Seite, sein röhrenbetriebenes Gehänge drückte weiter gegen mein rechtes Bein, ich kippte weiter ... fiel wie in Zeitlupe unaufhaltsam ... und beschloss im letzten

Moment, abzusteigen ... was mir nicht gelang, weil sich die Gitarrentasche auf meinem Rücken doch glatt unter dem Sattel verhakt hatte!

Es schepperte laut, als sich diverse Teile meiner selbst, des Rads, des Verstärkers und der Inhalt meiner Equipmenttüten auf dem Gehsteig verteilten. Dabei wurden die multiplen Aufschläge auch noch effektvoll vom Echo der hohen Häuser hin- und hergeworfen, bis wirklich jeder Zeit genug gehabt hatte, sich in aller Ruhe zum Fenster zu begeben und auf mich hinunterzustarren.

Ich lag da so rum. Und das ganz furchtbar arg viel lächerlicher, als Sie sich das jetzt vielleicht vorstellen wollen:

... zur Hälfte unter dem schweren Postrad,

... mit einem Gitarrenverstärker zwischen den Beinen,

... und durch einen Gitarrenrucksack an den Sattel gefesselt,

... würdelos.

Ich weiß, man liest in Büchern dieser Art des Öfteren von solchen Slapstickmomenten und schmunzelt gerne darüber, ohne wirklich zu glauben, dass es sich so zugetragen hat. Ich habe natürlich keine Fotos davon, und selbst wenn es damals schon Smartphones gegeben hätte, ich wäre nicht in die Versuchung eines Selfies geraten. Zu armselig und zu unangenehm war meine Situation, als dass ich an irgendetwas anderes denken konnte als »Wie komm ich da jetzt wieder raus, verdammt!«. Denn ich war im ersten Moment wirklich so gut wie bewegungsunfähig!

Das Rad ließ sich nicht anheben, schließlich lag ich ja zur Hälfte drauf und der Amp auf mir. Also versuchte ich zunächst, die Tasche vom Sattel zu befreien, aber wie ich später bemerkte, war ein Tragegurt tatsächlich zwischen die Windungen einer der Federspiralen unter dem Sattel geglitten und wurde dort hermetisch festgeklemmt.

Also schälte ich mich aus der Gitarrentasche, was im Liegen gar nicht so einfach ist und vor allem saudumm aussieht. Ich bin wirklich nicht ungeschickt im Einsatz von Requisiten oder meiner selbst, so lange kein Ball mit im Spiel ist – aber manchmal hat die Eleganz ein Loch, egal, wie viel Mühe man sich gibt.

Mit einem schmerzhaft hohlen »Bonk« landete die immerhin durch die Tasche gepolsterte Gitarre irgendwo hinter mir auf dem Gehweg. Nun machte ich mich daran, den Verstärker von meinem Bein zu wuchten. Dies gestaltete sich allerdings auf mehrere Arten prekär: Erstens einmal klemmte das schwere Ding saudumm verkantet zwischen Pedal und Gestänge. Und zweitens waren ja immer noch die Expander drum herumgeschlungen, die sich alle drei – ich spreche die Wahrheit – direkt in meinem Schritt versammelt hatten und dort im wahrsten Sinne des Wortes »gespannt« darauf warteten, dass irgendein Volldepp die Haken löste! Ich wusste: Mit Freuden würden diese hinterhältigen Viecher der Spannung nachgeben und meiner Familienplanung mit einem schnalzenden Knall ein frühes Ende setzen. Vorsichtig fasste ich mir also in den Schritt und begann, dort mit viel Gefühl herumzunesteln …

Stellen Sie sich bitte den Anblick vor, den ich dem inzwischen zahlreichen Publikum an den unzähligen Wohnsilofenstern bot, als ich dort auf dem Gehsteig herumlag, mir aus unerfindlichen Gründen zwischen den Beinen herumfummelte und mich dabei wand wie ein Regenwurm.

In meiner Erinnerung hörte ich Rufe und auch Gelächter, ich kann aber nicht mehr sicher sagen, ob das wirklich der Wahrheit entsprach. Dass man mir zusah, ist aber Fakt, denn ich wurde tags darauf von einem meiner Freunde darauf angesprochen. Dessen Mutter hatte mir wohl zugesehen und ihren Sohn darum gebeten, mich zu fragen, was genau ich da eigentlich getan hätte. Offensichtlich hatten sich meine schrittzentrierten Bemühungen vom Fenster des fünften Stocks aus betrachtet nicht von selbst erklärt und die Frau nachhaltig verstört.

Es dauerte auch tatsächlich eine gefühlte Ewigkeit, bis ich alle drei Expander vorsichtig geöffnet und entlastet hatte, ohne loszulassen. Dann endlich konnte ich aufstehen und damit beginnen, alles wieder einzusammeln. Meine zerbrochene Würde aber musste ich dort vor dem Haus liegen lassen, und jedes Mal, wenn ich meinen Vater dort besuche, höre ich die längst verwitterten Scherben meiner Selbstachtung unter meinen Schuhsohlen knirschen.

Ich weiß nicht mehr, wo das Postfahrrad gelandet ist. Ich glaube, mein Freund Torsten erwähnte einmal, dass wir irgendetwas miteinander getauscht und er es dann beim Umzug nach Hamburg mitgenommen hätte. Warum, weiß ich nicht mehr. Inzwischen hatte ich unzählige weitere Fahrräder, und nach wie vor verschwinden sie nach einiger Zeit irgendwo. Manchmal mit, manchmal ohne Schloss, mal tauchen sie nach Jahren wieder in irgendeinem Fahrradkeller auf, reifgerostet für den Wertstoffhof.

Leider habe ich es nie geschafft, aus dieser ausgeprägten Spezialfähigkeit, Fahrräder zu verbummeln, Kapital zu schlagen. Schade eigentlich, denn ich bin mir sicher, es ist eine Gabe.

Ist Sport Mord?

Von Werner Krappweis

Als ich einmal nach einem Rennen in der Seniorenklasse zu meinem Auto zurückging, trug ich stolz einen großen, goldenen Siegerkranz mit der schwarz-rot-goldenen Schleife über den Schultern. Dabei kam mir ein älteres Ehepaar entgegen, und ich hörte, wie der Mann lachend sagte: »Ich sag's ja: Sport ist Mord! Der Mann hat schon seinen Kranz dabei.«

Die Frau lachte und deutete auf meinen Rucksack, aus dem der Pokal halb herausragte: »Ja, und seine Urne auch.«

Ich würde natürlich niemals zustimmen, dass es sich bei Sport um Mord handelt, ganz im Gegenteil. Aber dass es die Gesundheit gefährden kann, habe ich tatsächlich schon einige Male am eigenen Leib erfahren. Nicht nur durch Unfälle, Stürze und dergleichen, sondern auch auf andere Art und Weise.

Ich erinnere mich hier zum Beispiel an die Deutsche Meisterschaft im Rheinland. Die vorherige in Kirchrarbach im Sauerland hatte ich gewonnen, und so sah ich mich natürlich schon als Favorit für das kommende Jahr.

Seit Jahresbeginn war mein ganzes Training also nur auf dieses große Rennen abgestimmt gewesen. Ich hatte in diesem Jahr mehrere Rennen siegreich beenden können und war in Topform.

Jedoch eine Woche vor dem für mich so wichtigen Termin fing ich mir glatt eine schwere fiebrige Erkältung ein. Während einer leichten Ausfahrt drei Tage vor dem Renntermin, war ich plötzlich so erschöpft, dass ich vom Rad steigen und eine kurze Pause einlegen musste. Spätestens jetzt musste mir eigentlich klar sein, dass ich meinen Titel unmöglich verteidigen würde.

Ich war sehr niedergeschlagen, und in der Nacht von Samstag auf Sonntag konnte ich kaum schlafen. Bald gingen mir die dümmsten Gedanken durch den Kopf. Würden meine Kameraden möglicherweise denken, ich wäre zu feige, meinen Titel zu verteidigen? Würde ich jetzt sogar als Versager dastehen? Was man sich so alles zusammenspinnt, wenn man nachts wach liegt …

Am Sonntag in aller Früh weckte ich dann meine Frau Karin und machte ihr zu ihrer großen Überraschung klar, dass ich mich nach langer Überlegung nun doch entschlossen hätte, an dem Rennen teilzunehmen. Karin hatte natürlich überhaupt kein Verständnis, und aus heutiger Sicht stimme ich ihr da natürlich zu. Aber damals hatte ich mich eben entschlossen, nichts würde mich aufhalten, und nun war außerdem Eile angesagt.

Während ich schnell meine Sachen herrichtete und mein Rad in den VW-Bus packte, bereitete Karin netterweise mein gewohntes Müsli vor, das ich dann während der Fahrt im Auto noch schnell in mich hineinbampfte.

Trotz der Hektik kamen wir so spät am Start an, dass die Nummernausgabe bereits geschlossen war. Gott sei Dank machte man bei mir als Titelverteidiger eine Ausnahme, und ich konnte mich nachmelden.

Es waren insgesamt einhundertdreißig Fahrer am Start. Ich stand ganz hinten als Letzter, und als der Startschuss erfolgte, rief meine Frau laut: »Wart, Werni, Stopp!«, denn sie war noch damit beschäftigt, die Startnummer auf meinem Trikot zu befestigen!

Nach ein paar Kilometern bemerke ich dann auch noch zu meinem Entsetzen, dass ich in der Hektik der Vorbereitungen meine Trinkflasche vergessen hatte. Bei dem schwülheißen Tag eine Katastrophe!

Am ersten Berg setzten sich bereits zehn Fahrer vom Feld ab. Mir war klar, wenn ich eine gute Plazierung fahren oder gar gewinnen wollte, musste ich unbedingt in dieser Gruppe dabei sein.

Ich fuhr also in der Steigung an dem lang auseinandergezogenen Feld vorbei und machte mich an die Verfolgung der Spitzengruppe. Tatsächlich hatte ich sie bald fast eingeholt, als mir plötzlich schwindelig und schwarz vor den Augen wurde ... Ich fuhr nur noch Schlangenlinien und hatte Mühe, mich auf dem Rad zu halten. Eigentlich wäre jetzt der Augenblick gewesen, zu begreifen, dass es keinen Sinn machte, weiter um den Sieg zu kämpfen. Das einzig Vernünftige wäre gewesen, augenblicklich ab-, aus- und vor allem ins Bett zu steigen.

Vernunft aber war insbesondere damals nicht gerade meine hervorstechendste Eigenschaft. Ich fuhr irgendwie trotzdem weiter und konnte nur mit größter Anstrengung mit dem großen Teilnehmerfeld mithalten.

Seltsamerweise hatte ich mich nach einigen Kilometern sogar etwas erholt. Umgehend startete ich an der nächsten Steigung einen weiteren Versuch, die Spitzengruppe einzuholen. Natürlich gelang es mir wieder nicht, und so fuhr ich nach über 100 Kilometern allein zwischen Spitzengruppe und Feld ins Ziel. Als Elfter.

Hätte mir Karin nicht geholfen, wäre ich nach dem Überfahren der Ziellinie samt dem Rad einfach umgefallen ...

Ich bezahlte diese epische Dummheit mit einer langen Krankheitsphase und monatelangen Herzrhythmusstörungen. Die Rennsaison war in diesem Jahr für mich beendet, und fast wäre das auch das Ende vieler anderer Dinge gewesen: Mein Arzt erklärte mir, dass ich durch die Anstrengung trotz eines Infekts kurz vor einem Herzinfarkt gestanden und mein Leben riskiert hatte.

Auch wenn mein Sohn Tommy mir das sicher nicht glauben wird, aber heute weiß ich, wie unvernünftig das war. Auch ich bin lernfähig. Etwas unwilliger vielleicht als der Durchschnitt, und vielleicht gebe ich es auch nicht immer zu. Aber solche Momente taugen dann doch, um auch mir eine Lektion zu erteilen.

Und noch viele Jahre später, als ich als Jugendtrainer arbeitete, durfte keines der mir anvertrauten Kinder am Training teilnehmen, wenn es auch nur den Anflug einer Erkältung hatte.

Aber die Vorstellung, dass ich mit dem eigenem Kranz um den Hals und der Urne im Gepäck auf den Friedhof radle

und dort dann passgenau mitsamt dem Rennrad tot ins Grab kippe, hat schon etwas für sich. Genau die richtige Mischung aus Wahnsinn, Witz und Würde, wie ich es mir wünschen würde.
Ich behalt's mal im Hinterkopf, man weiß ja nie.

Fitnessversuche

Von Tommy Krappweis

Bis ins Alter von etwa fünfundzwanzig half mir mein Beruf als Stuntman dabei, einfach durch den Job fit zu bleiben. Die grundsätzlichen Techniken der Fallschule bewahren mich bis heute vor schlimmeren Blessuren, die Fitness aber fiel von mir ab.

Als bei uns im Haus vor ein paar Jahren der Aufzug ausfiel und ich oben im fünften Stock dachte, meine Lunge irgendwo im dritten liegen gelassen zu haben, erkannte ich, dass das so auf keinen Fall weitergehen durfte. Sogar die *Nintendo Wii* hatte mir attestiert, dass mein körperliches Alter gefährlich an der Dreistelligkeit nagte, also musste etwas passieren.

Nun bin ich ja kein kompletter Vollidiot und kann durchaus anerkennen, dass Sport eine sinnvolle Tätigkeit ist, wenn sie in Maßen und zum Zwecke der Leibesertüchtigung ausgeübt wird. Es ist ja nur das Übermaß, der Wettbewerb und insbesondere der väterliche Wahn, den ich entschieden ablehne.

Ich wollte wieder fit oder wenigstens fitter werden und startete von da ab ein paar Versuche, das möglichst effizient zu erreichen.

Was liegt zunächst einmal näher, als sich ein paar anständige Laufschuhe zu besorgen und einfach ein bisschen an der Isar hin und her zu joggen. Dachte ich.

Schnell war ich so genervt wie lange nicht mehr. Die Musik auf meinem Smartphone passte nicht zur Laufgeschwindigkeit, die Hose rutschte bei jedem Schritt, ich dachte nur an Dinge, die ich jetzt eigentlich viel dringender erledigen müsste, plötzlich erschien mir die verhasste Aufgabe, ein Manuskript zu redigieren, im Vergleich wie ein Besuch im Legoland, mein Nacken verkrampfte sich, ich bekam umgehend Seitenstechen und jajaja, ich machte bestimmt ganz viel falsch, jajaja! Harrgottmarrgott, ich rief doch sogar meine Mutter, die staatlich geprüfte Gymnastiklehrerin, und meinen Vater, den Sportgott, an und ließ mir noch einmal genau erklären, worauf ich zu achten hatte! Es. War. Trotzdem. Scheiße!

Hui, war ich genervt. Nach dem dritten armseligen Versuch war mein Knie auch noch voll Wasser gelaufen. Dieses hatte ich mir einmal bei einem eigentlich harmlosen Ministunt verletzt, als ich durch die dünne Rückwand eines liegenden Schranks treten sollte. Ich tat das mit gebührendem Schwung, obwohl ich nicht genau sagen konnte, wie tief der Schrank eigentlich war. So waren meine Beine bereits gestreckt, als ich auf dem Boden aufkam, und ich stauchte mir beide Knie. Das linke läuft seitdem gerne mal voll Wasser, wenn ich es zu sehr belaste. So auch bei meinen Versuchen, mich durch Jogging fit zu halten.

Also wendete ich mich einem anderen Klischee zu und versuchte es mit einer Muckibude. Das akute Arschlochaufkommen in dem Laden war laut meinem Freund David, der dergleichen Etablissements bis heute sehr gerne und regelmäßig besucht, nicht typisch. Trotzdem war es der einzige Laden in der Nähe, und ich hielt immerhin ein paar Wochen durch. Dann aber war ich einfach nicht mehr in der Lage, mir die überheblichen, auswendig gelernten Pseudowitze der Trainer anzuhören.

Was bitte soll daran motivierend wirken, wenn man gerade das erste von mehreren Gewichten auf die Stange schiebt und dann von der Seite hört: »Verheb dich nicht, höhöhöhöhöhöhöhöhöhöhö.« Warum sollte irgendwer darüber lachen, wenn man verschwitzt vom Rudergerät aufsteht und es von hinten tönt: »Bist ja nicht gerade weit rausgefahren heute, höhöhöhöhöhöhö!« Was sollte mich dazu bewegen, wiederzukommen, wenn man beim Abschied hört: »Schon Schluss? So wird das aber nix mit den Muckis, höhöhöhöhöhhöhö!«

Es gibt mehr als genug Leute, die weniger prollig und trotzdem irgendwie charmant in der Lage sind, andere Menschen zu irgendetwas zu motivieren. Diese Bizepse auf zwei Beinen mit der Humorquote eines Suppenlöffels und dem Charme eines ausgekochten Schweinschädels taugten nicht dazu, bei mir irgendetwas anderes zu induzieren als das dringende Verlangen, ihre knappen Polyesterhemdchen brennen zu sehen.

Als eines dieser Gerinnselgehirne dann noch rausfand, dass ich Bernd das Brot erfunden habe, war es aus. »Ey, Brot, da geht aber noch was!« oder »Mach mal richtig jetzt, oder soll ich dir was aufstreichen?« (ehrlich jetzt), nahmen mir jeden letzten Rest von Motivation, mich in dieser intelligenzbefreiten Minuszone noch ein einziges Mal blicken zu lassen.

Im Endeffekt fand ich dann doch eine Form der Leibesertüchtigung, die zu mir passt: Ganzkörpertraining mit Reizstrom! Man zieht eine Weste an, durch die alle vier Sekunden Strom geleitet wird, macht dabei ein paar halbwegs erträgliche Übungen, angeleitet von Trainern, die in allen bisherigen Fällen sowohl über Witz als auch über Hirn verfügten, nach zwanzig Minuten ist die Nummer durch und man kann nach Hause gehen. Kurz, erträglich, effizient – vielen Dank. Seit ich das regelmäßig mache, habe ich keine Rückenschmerzen mehr, mir geht es deutlich besser, und es schadet auch nicht, wenn man ein paar Bauchmuskeln hat, die den Wanst im Zaum halten, und der Arm im T-Shirt nicht aussieht wie eine abgestandene Weißwurst.

Für meinen Vater ist das natürlich kein Sport. Wo ist die Überwindung, wo der Wettkampf, wo der Schmerz!? Auch meine Mutter ist von der Elektrosportvariante nicht sonderlich begeistert. Für sie hat Sport vorrangig mit Bewegung zu tun, was bei mir sofort Assoziationen mit dem Gymnastikunterricht weckt, zu dem ich schon als Kind immer notgedrungen mitgeschleift wurde. Da meine Mutter die Trainerin war und mein Vater einer der Trainierenden, war klar, dass ich mitmusste. Das wäre an sich gar nicht so schlimm gewesen, sondern ganz im Gegenteil sogar ziemlich cool, wenn ich die ganze Zeit über im Geräteraum hätte herumdingsen dürfen! Da stand nämlich ein Barren, da gab es Kästen, Böcke, Minitrampoline, Kegel, Reifen und viele andere spannende Dinge, mit denen man sogar richtig Spaß haben konnte!

Leider dachten meine Eltern aus Gründen, die mir für immer verschlossen bleiben werden, dass es besser oder sinnvoller oder schöner oder hier-irgendwas-beliebiges-einsetzen sei, wenn ich beim Training mitmachte, so gut ich konnte. Nicht nur war ich das einzige Kind unter zwanzig erwachsenen Rennradfahrern. Ich fand es auch gleichzeitig sterbenslangweilig und seltsam unangenehm, meine eigene Mutter mit einer kleinen Trommel vorneweghüpfen zu sehen.

Heute

Von Tommy Krappweis

Noch heute nützt mein Vater jede Gelegenheit, um vor Dritten zu beteuern, dass an mir ein Leistungssportler verloren gegangen sei. Klar schmeichelt mir das, denn es ist ja letztlich ein Lob. Andererseits spüre ich da schon auch ein Bedauern zwischen den Zeilen. Was hätt aus dem Bub alles werden können?

Ich weiß ganz genau, dass ich auch heute noch tunlichst alle noch so verklausulierten vagen Hinweise darauf vermeiden muss, die darauf hindeuten könnten, dass ich mich für irgendetwas interessiere, das man als einen Teilbereich des groben Begriffes »Leistungssport« interpretieren könnte. Denn sobald ich mich da verplappere, muss ich damit rechnen, dass noch am gleichen Abend mein Telefon klingelt: »Du, Tommy, du hast doch vorhin gesagt, dass du wieder Radl fahren willst. Rein zufällig hat sich grad ein Vereinskollege bei mir gemeldet, der ein super Radl verkauft! Ein federleichter Rahmen, gibt's erst seit einem Jahr auf dem Markt, der Wahnsinn! Nagelneu, mit ganz tollen Felgen von ...«

»Papi!«, rufe ich dann aus. »Ich hab nur gesagt, dass ich demnächst mal wieder den Akku von meinem E-Bike aufladen muss, weil ich damit in die Firma fahren kann, wenn das Wetter hält!«

»Ja schon, aber mit einem g'scheiten Radl brauchst du

doch gar keinen Akkuschmarrn! Die Felgen von dem Rennrad, die laufen so leicht, da fliegt man nur so dahin ...«

»Vater! Hör mich an! Ich will kein Rennrad!«

»Aber was willst du denn mit so einem ...«

»O Vater, merke auf: Ich will damit von A nach B und zurück nach A fahren, ohne zu schwitzen!«

»Ohne Schwitzen ist es doch kein Sport!«

»Ich verlange gar nicht, dass es Sport ist! Ich will nur fahren! Nein warte, ich will nicht einmal fahren, ich würde am liebsten beamen, aber das geht leider noch nicht. Darum fahre ich. Nur weil ich nach B muss. Bitte versteh mich.«

»Ich versteh dich nicht.«

»Ich dich auch nicht. Aber das ist doch gut. So können wir darüber gemeinsam Bücher schreiben.«

»Stimmt.«

»Siehst du. Dir noch einen schönen Abend, Papi.«

»Dir auch, Sohn. Ich komm morgen mal mit dem Rennrad vorbei, dann kannst es dir ja mal anschauen.«

»D... Grmpf.«

»Bis morgen.«

Klick.

Ja, wir haben was gemeinsam. Werner Krappweis gibt nie auf. Das mag ich. Und den ganzen Rest auch. Ich hab nämlich den besten Vater der Welt.

Meine Söhne

Von Werner Krappweis

Während ich ja bei der Geburt meines jüngeren Sohnes Nico, wenn auch unter etwas stressigen Umständen, dabei sein durfte, war das damals bei meinem sechs Jahre älteren Sohn Tommy leider noch nicht möglich.

Anfang der Siebziger hatten Männer bei der Entbindung nichts zu suchen. Ich kann mich noch genau erinnern, wie ich meine Frau im Auto am Abend in aller Eile von unserer Wohnung in Harlaching in die Klinik nach Pasing brachte. An der Klinik angekommen, sagte eine Schwester nur: »Kommen sie gleich rein, Frau Krappweis«, und weg war sie. Ich konnte mich nicht einmal richtig von ihr verabschieden. Zwei Tage später kam dann unser Sohn Thomas zur Welt, und erst da durfte ich ihn dann endlich zum ersten Mal sehen.

Manchmal hab ich mir schon überlegt, ob das vielleicht der Grund ist, warum sich mein älterer Sohn so sehr von mir unterscheidet. Bei Nicos Geburt sechs Jahre später war ich nämlich dabei, und der ist mir in seinem Wesen viel ähnlicher als sein Bruder.

Während sich der Tommy mit Händen und Füßen schreiend weigerte, in ein gelbes *ADAC*-Tretauto einzusteigen, das er von seiner Oma zu Weihnachten bekommen hatte, fuhr sein Bruder später damit mit Vollgas vorwärts und sogar rückwärts durch die Wohnung, bevor er noch richtig laufen konnte.

Tommy hat heute noch keinen Führerschein, weil er sagt, dass er »eine fünfzigprozentige Chance hat, links und rechts zu verwechseln«, und andere Verkehrsteilnehmer nicht gefährden will. Tatsächlich gab es schon Situationen, wo er der festen Überzeugung war, ich würde auf der falschen Seite der Straße fahren, und ich kann mich noch daran erinnern, dass er mit dem Mofa entgegen der Fahrtrichtung fuhr und sich wunderte, warum ihm alle entgegenkamen. Tommy sagt immer: »Linksrechtsschwäche und Ignoranz sind eine gefährliche Mischung.«

Sein Bruder dagegen rangiert mit seinem zehn Meter langen Bootsanhänger rückwärts in jede Lücke. Ich war dabei, als wir sein neu gekauftes Boot in Kroatien abholten. Da er im Hafen von Medolin keine Wendemöglichkeit hatte, fuhr er mit seinem Anhänger trotz einer scharfen Kurve rückwärts eine extreme Steigung hoch – in einem Zug. Hafenarbeiter, die dort gerade beim Essen waren, sprangen gleich alle auf und brachten sich in Sicherheit. Was natürlich gar nicht notwendig war, denn Nico hatte sein Gespann im Griff. Die staunenden Gesichter im Rückspiegel werde ich nie vergessen.

Aber nicht nur mit dem Auto, auch in vielen anderen Dingen waren die beiden Brüder grundverschieden. Während Tommy unsere Campingurlaube wohl nicht so recht genossen hat und lieber daheim im verschlossenen Zimmer mit meiner Super-8-Kamera stundenlang Stop-Motion-Filme machte, liebte sein kleiner Bruder Camping über alles. Er hat sogar später als Erwachsener noch mal viele Plätze besucht, an denen er als Kind mit uns gewesen ist.

Aber Tommy und Camping ist ja ein ganz eigenes Thema, und wir haben schon ein ganzes Buch mit unseren Erinnerungen gefüllt – wobei diese sich oft stark unterscheiden. Ich behaupte ja nach wie vor, dass er dort in der freien Natur an den oft urigen Stränden, wo wir mit unserem VW-Bus standen, auch manchmal seinen Spaß hatte, obwohl er das heute beharrlich bestreitet.

Genauso unterschiedlich wie im Camping waren die beiden auch im Sport. Während Tommy Fahrräder nur dann tolerierte, wenn sie mit Rennrädern möglichst wenig Ähnlichkeit hatten, raste Nico schon bald mit seinem Kinderrennrad durch die Gegend. Und zwar mit solcher Begeisterung, dass er dabei mit acht Jahren einen Zeitungsständer über den Haufen fuhr und sich die Oberlippe spaltete.

Als Nico dann alt genug war, trat er sogar meinem Radrennverein *RV Sturmvogel* bei, um offiziell Lizenzrennen fahren zu dürfen. Ich war so unglaublich stolz auf ihn! Natürlich bekam er von mir gleich ein richtiges Rennrad, mit dem er auf Anhieb mehrere Jugendrennen gewinnen konnte. Besonders freute ich mich natürlich, dass seine Stärke ebenfalls der Berg war: Es war unglaublich, mit welcher Leichtigkeit er jede Steigung meisterte und seine Gegner abhängte, während sie schnaufend und mit roten Köpfen in den kleinsten Gängen die Steigungen hochfußelten.

Für mich gab es gar keine Zweifel: Dieser Junge würde in die Fußstapfen seines Vaters treten. Nico Krappweis würde alle Rennen gewinnen, und er würde nicht zögern, wenn man ihm einen Profivertrag anbot, oh nein, er würde zusagen und über viele Jahre hinweg allen anderen davonfahren. Ohne

Doping, ohne Skandale, einfach nur durch Kraft, Entschlossenheit und natürlich, weil er einen Trainer hatte, der genau wusste, wie man in Form kommt und wie man gewinnt. Mich.

Leider endete dieser Traum, als Nico sich sein erstes Moped kaufte. Da war es schlagartig Schluss mit dem Radrennsport. Mittlerweile hat er sogar zwei schwere Motorräder, die er gerne in den Urlaub mitnimmt, wenn er nicht gerade sein Segelboot dabeihat, denn Segeln ist seit einigen Jahren seine zweite Leidenschaft.

Vielleicht bin ich daran auch ein bisschen schuld, denn wir hatten ja im Urlaub früher auch immer ein kleines Segelboot dabei. Das heißt, eigentlich war es ein Universalboot, denn wenn wir keinen Wind zum Segeln hatten, konnte man mit unserem 6-PS-Motor über das Meer schippern. Und wenn der, was sehr oft passierte, kaputt war, konnte man immer noch rudern. Nico beschäftigte sich schon damals am liebsten mit dem Boot. Und wenn es nicht im Wasser lag, spielte er eben an Land stundenlang Kapitän. Mit Kapitänsmütze auf dem Kopf und ernstem Blick wirkte er wie Snoopy, wenn der auf seiner Hundehütte davon träumt, ein Flugzeug zu fliegen. Nico trotzte den Gewässern, setzte Segel, holte es wieder ein, ruderte und reparierte den Motor. Alles an Land und alles genau so routiniert wie wenige Jahre später dann mitten auf dem Meer.

Ganz im Gegensatz zum Tommy. Den interessierte das Boot überhaupt nicht. Er war froh, wenn sein Bruder damit beschäftigt war, er seine Ruhe vor ihm hatte und ungestört lesen konnte.

Dass beide als Kinder fast nie miteinander spielten, lag natürlich nicht nur daran, dass sie so unterschiedliche Interessen hatten, sondern auch an dem Altersunterschied von sechs Jahren. Das Einzige, wobei sich beide wirklich stundenlang miteinander beschäftigen konnten, war Legobauen. Das war und ist auch heute noch eine von Tommys Lieblingsbeschäftigungen.

Ich hab noch genau vor Augen, wie das damals ablief: Während Tommy der Baumeister war und schon damals unglaubliche Werke zustande brachte, war der kleine Nico immer der Bausteinlieferant. Wenn sein großer Bruder sagte »Gelber Viererstein«, versank Nico augenblicklich mit den Armen bis zu den Ellbogen in der großen Legokiste, wühlte so lange, bis er den gewünschten Stein gefunden hatte, und reichte ihn Tommy. Dabei leuchteten seine Augen jedes Mal voller Stolz darüber, dass er seinem großen Bruder helfen konnte.

Bis dann Nico irgendwann sein Interesse an der Musik entdeckte. Zunächst am Klavier, dann mit der Mundharmonika und später auch mit Gesang und Gitarre wie sein großer Bruder.

Wenn die beiden zusammen Musik machen, geht mir immer das Herz auf.

Sie singen zweistimmig, und es klingt, als wäre es ein Instrument. Immer scheint der eine zu wissen, was der andere gleich tun wird und die ganze Band mit dazu. Beide haben Freude an der Improvisation, tauchen von einem Song in den nächsten, und nicht nur ich, sondern das gesamte Publikum kann gar nicht nachvollziehen, woher die Musiker wissen, was denn als Nächstes kommen wird und warum. Trotzdem bleibt die Musik immer harmonisch und gleichzeitig spannend.

Und wenn ich da so im Publikum sitze, neben mir meine jetzige Frau und gegenüber meine Ex-Frau Karin mit ihrem jetzigen Mann Willi, dann sind wir schon sehr stolz auf unsere Buben. Ehrlich gesagt bin ich dann fast so stolz wie damals, als der Nico noch Radrennen fuhr, und ich habe es fast verwunden, dass der Tommy nie die Freude am Leistungssport entdeckt hat.

Fast.

Tommy Krappweis

DAS VORZELT ZUR HÖLLE

Wie ich die Familienurlaube meiner Kindheit überlebte

Eine skurrile Zeitreise in die 70er Jahre

»Jeden Sommer brachen wir mit dem VW-Bus auf in Richtung Süden nach Egal-es-ist-überall-heiß-und-scheiße-Land oder irgendwo anders hin, wo es düstere Felsen, düsteres Meer und düstere Ortschaften mit düsteren Menschen gab. Was es dort nicht gab, war so etwas wie ein Klo oder eine Dusche. Denn meine Eltern waren nicht einfach nur Camper. Nein, sie waren überzeugte Wildcamper! In unseren Urlauben war alles dabei, was Camping damals so außergewöhnlich machte, inklusive der ein oder anderen launigen Nahtoderfahrung. Zumindest wenn man mit meiner Familie unterwegs war.«

Für alle, die sich nur zu gut
an die Familienurlaube ihrer
Kindheit erinnern.

Tommy Krappweis · Heinz J. Bründl

VIER FÄUSTE FÜR EIN BLAUES AUGE

Wie der Wilde Westen
nach Deutschland kam

»Unser Totengräber stand morgens als Totengräber auf
und legte sich abends als solcher wieder hin.«
»Der hat in seinem Frack geschlafen?«
»Im Frack und im Sarg.«

Wie kommt man dazu, mitten in der deutschen Provinz eine authentische Westernstadt zu errichten? Wie überlebt man einen Job, in dem man täglich zweimal erschossen wird? Und wie weit fliegen die Trümmer einer explodierenden Schrotflinte? Tommy Krappweis und Heinz Bründl erzählen vom schrägen Alltag in »No Name City«, von echten und gespielten Schlägereien, Schießereien und Duellen – und warum es sich mitunter lohnt, den eigenen Traum zur Not auch mit der Faust zu verteidigen.

Sophie Seeberg

DIE SCHAKKELINE IST VOLL HOCHBEGABT, EY!

Aus dem Leben einer Familienpsychologin

Das is alles normal hier!

Sophie Seeberg kriegt es hautnah mit, das Leben, denn die Psychologin begutachtet Familien fürs Gericht. Sie erlebt dabei schockierende und traurige, aber auch urkomische und skurrile Geschichten. Wenn zum Beispiel der Vater nicht zum Termin erscheint, weil er betrunken auf der Straße eingepennt ist – auf einem Rucksack voller Diebesgut. Oder wenn die Mutter ihren erwachsenen Sohn behandelt, als wäre er ein Kleinkind. Seeberg zeigt uns den ganz normalen Familienwahnsinn und behält dabei immer einen unnachahmlichen Sinn für Humor.

Sophie Seeberg

DIE SCHAKKELINE IST VOLL HOCHBEGABT. FYI